# A CULINÁRIA DO AMAPÁ

FLÁVIO FERRAZ

# A CULINÁRIA DO AMAPÁ

Ilustração
ALICE TASSARA

**Metalivros**
São Paulo, 2023

## AGRADECIMENTOS

Lúcia Santos Pimentel
Maria Aparecida Carvalho Ferraz
Maria Elisa Pessoa Labaki
Susan Masijah Sendyk
Vinicius de Figueiredo
Wilson Roberto Sendyk


## CRÉDITOS EDITORIAIS




**Projeto Editorial, Pesquisa e Texto**
Flávio Ferraz

**Ilustrações Especiais**
Alice Tassara

**Direção Editorial e Gráfica**
Ronaldo Graça Couto

**Direção de Arte e Diagramação**
Katia Harumi Terasaka Aniya

**Gerência Editorial e Gráfica**
Bianka Tomie Ortega

**Revisão de Texto**
Ricardo Duarte

**Secretaria Administrativa**
Roberta Vieira

**Impressão e Acabamento**
Oficina Gráfica, São Paulo

# SUMÁRIO

## PETISCOS E ENTRADAS



## PRATOS SALGADOS

## DOCES E SOBREMESAS



## BOLOS

## SORVETES



## BEBIDAS

# APRESENTAÇÃO

O território onde se situa o estado do Amapá nem sempre foi brasileiro. Desde a era das grandes navegações, já pertenceu à Espanha, a Portugal e à França. Palco de disputa territorial entre a França e o Brasil, apenas em 1900, por decisão de uma comissão de arbitragem internacional sediada em Genebra, passou a fazer parte do território brasileiro, incorporado ao Pará com o nome de Araguari. No ano de 1943 foi transformado em território federal e, em 1988, com a promulgação da nova constituição, tornou-se um estado brasileiro. A capital, Macapá, cidade cortada pela linha do equador, foi fundada no ano de 1758. Sua história está ligada à política de fortificação das fronteiras no período colonial, visando a defesa territorial. A Fortaleza de São José de Macapá, monumento nacional, é testemunha preservada desse período.

Sabe-se, a partir de estudos arqueológicos, que a região foi habitada há pelo menos 2 mil anos. Hoje, na faixa de terra que vai do Amapá ao norte do Pará, há oito terras indígenas demarcadas, onde vivem dez grupos étnicos: Galibi-Marworno, Palikur, Karipuna, Galibi do Oiapoque, Waiãpi, Aparaí, Wayana, Tiriyó, Kaxuyana e Zoé.[1] A partir do século XIX, com a descoberta do ouro nas cabeceiras do rio Calçoene e a exploração da borracha, o povoamento da região por levas de migração teve um grande impulso.

A culinária amapaense se insere, *grosso modo*, na grande tradição amazônica. Mas, ao contrário dos tratados culinários que agrupam os estados do Norte do Brasil em um único capítulo, fascículo ou livro, somos da opinião de que

1. Sobre os povos indígenas do Amapá, cf. GALLOIS, Dominique Tilkin; GRUPIONI, Denise Fajardo. *Povos indígenas no Amapá e Norte do Pará*: quem são, onde estão, quantos são, como vivem e o que pensam? São Paulo: Instituto de Pesquisa e Formação em Educação Indígena; Núcleo de História Indígena e do Indigenismo da Universidade de São Paulo, 2003.

é perfeitamente possível distingui-los um do outro, por mais que exibam estreitas similaridades. Com forte influência indígena, a gastronomia do Amapá é determinada pelos recursos alimentares provenientes de suas fartas águas e florestas. Os peixes e outros frutos de suas águas doces e salgadas, somados à mandioca e seus sofisticados derivados, constituem os elementos básicos da cozinha do estado. Somam-se a isso os frutos e frutas da terra, particularmente o onipresente açaí, e os temperos responsáveis pela transformação dos peixes e carnes em iguarias tradicionais e contemporâneas.

O Amapá tem uma peculiaridade que, na região Norte, divide apenas com o Pará: a presença do mar, que fornece significativos recursos com que não contam as outras terras amazônicas. Por essa razão, há muitas afinidades entre as cozinhas desses dois estados, que, além de possuírem recursos naturais semelhantes, veem-se ligados também pela história. Afinal, o Amapá um dia já fez parte do território paraense. Com a culinária paraense, a amapaense divide clássicos como o tacacá, o pato no tucupi, o caruru, o vatapá e as unhas de caranguejo (como são ali chamadas as patinhas). No rol dos doces, não são poucos os pontos de intersecção: quitutes feitos à base de cupuaçu, bombons recheados com frutas regionais, tortas, bolos e sorvetes dos mais diversos sabores. Até a religiosidade popular irmana os dois estados. O Círio de Nazaré, data magna para a fé católica local, realiza-se simultaneamente em Belém e em Macapá a cada mês de outubro. Nessa ocasião, as famílias se reúnem, assim como no Natal, em confraternizações que, evidentemente, passam pela mesa, com o preparo dos mais tradicionais pratos salgados e doces.

Da confluência de águas doces e salgadas do Amapá provém a fartura dos peixes. Das primeiras, vêm curimatã, dourado, filhote, matrinxã, pacu, pirapitinga, pirarucu, tambaqui, tamuatá, tucunaré e tantos mais; além do pitu, o camarão das águas doces que habita os igarapés que confluem para o rio Amazonas. Do mar vêm a gurijuba, a pescada amarela, o camarão e outra infinidade de peixes e frutos do mar. Dos manguezais vem o caranguejo, cujas unhas são uma das maiores iguarias locais. A casquinha de caranguejo, feita à moda da casquinha de siri, é outro acepipe bastante típico da cozinha amapaense, ao lado da sopa, que é um verdadeiro levanta-defunto, sobretudo quando saboreada com um bom molho de pimenta e um copo de cachaça. Essa infinidade de produtos de mar e rio pode ser encontrada diariamente, em Macapá, no Mercado do Pescado, situado no bairro Nossa Senhora do Perpétuo Socorro, conhecido antigamente como Igarapé das Mulheres.

Há receitas de peixes para todo gosto. Eles podem ser fritos, assados na brasa ou no forno (com ou sem recheio), cozidos em caldeiradas e empregados no preparo de recheio para tortas ou como matéria-prima para bolinhos e até mesmo hambúrgueres. Podem ser saboreados em versões mais simples, mas não menos saborosas, quando apenas fritos e acompanhados de farinha d'água e açaí. Ou em receitas mais complexas, que lhes adicionam ingredientes como ervas aromáticas, pimentas, leite de coco e leite de castanha-do-pará. E que se fazem guarnecer de molhos sofisticados e outros tantos acompanhamentos.

A gurijuba ocupa um lugar especial na culinária do Amapá. Embora presente em outros litorais do país, ali esse peixe marítimo, que chega a medir 1,5 m de comprimento, ganhou a preferência popular. Dizem que pode ser preparado por meio de 73 receitas diferentes! Sua pesca se dá, principalmente, entre a foz do rio Araguari e a foz do rio Cunani. Também o camarão ao bafo, cozido no vapor, é um dos pratos típicos mais proeminentes do Amapá. Dada sua importância e popularidade, estimula a concorrência entre os restaurantes da capital, em verdadeiros concursos em que cada qual busca se sobressair na arte de prepará-lo. O pitu é outro alimento a ocupar um lugar central no arcabouço da cozinha do Amapá, seja cozido no vapor, seja em caldeiradas em que é exclusivo ou divide a cena com algum peixe, mais comumente o filhote.

Em comum com a tradição indígena amazônica, a culinária amapaense tem na mandioca e seus derivados os ingredientes de resistência. O tucupi, caldo feito a partir da fermentação da mandioca-brava, é praticamente onipresente, entrando na composição de inúmeros pratos, em geral aqueles feitos à base de pescados. A comida cotidiana se faz acompanhar invariavelmente da farinha d'água. A goma de mandioca é usada no preparo de muitos pratos, com destaque para o tacacá. E a farinha de tapioca integra receitas de pratos salgados e doces.

Outra farinha bastante usada é o piracuí. De origem diferente daquelas provenientes da mandioca, é uma espécie de farinha feita com um peixe chamado "acari", também conhecido por "cascudo", que, para tanto, é descascado, assado e moído. Ingrediente para diversos pratos, é nos bolinhos fritos que faz fama no Amapá.

Das hortas, feiras e mercados vêm as especiarias que conferem o autêntico sabor amazônico aos peixes, frutos do mar e carnes em geral. O jambu, presente em quase tudo, proporciona uma sensação de anestesia na boca e na língua bastante associada ao tacacá, o conhecido caldo de tucupi com camarão seco geralmente vendido nas ruas. Cariru, chicória-do-pará, coentro, alfavaca, vinagreira, mastruz, entre dezenas de outras plantas, dão o toque peculiar à cozinha amapaense. Para não falar das muitas pimentas, mais fracas ou mais fortes, indispensáveis quando o assunto é comida típica: pimenta-de-cheiro (da verde e da amarela), cumari-do-pará, uma das prediletas na região, e outras tantas, comuns às outras partes da Amazônia e do Brasil. Em Macapá, a Feira do Agricultor é um dos pontos mais conhecidos e fartos na oferta desses produtos, ademais encontrados em feiras, mercados e, sobretudo, nos quintais bem sortidos.

Uma parte importante da tradição culinária amapaense está na riqueza, na abundância e na sofisticação das frutas regionais. A começar pelas palmáceas, isto é, as plantas da família do coco, lembramos aqui do açaí, do inajá e do tucumã. O açaí[2] está presente em quase tudo, como, de resto, ocorre em toda a região amazônica. Sua polpa é o acompanhamento para a mais comum de todas as comidas, a saber, o peixe frito com farinha de mandioca. Mas ele também se presta ao preparo de sucos, sorvetes, geleias, pudins e, hoje em dia, de pratos elaborados por *chefs* que utilizam os ingredientes tradicionais na criação de pratos inspirados na gastronomia contemporânea mais sofisticada. O inajá,[3] que vegeta espontaneamente em toda a região Norte e no Mato Grosso, produz um coquinho cuja polpa, de sabor agradável, pode ser consumida *in natura*, além de se prestar ao fabrico de um óleo que lembra o azeite de dendê. Seu emprego na culinária é cada vez maior.

2. *Euterpe oleracea*, da família *Arecaceae*.
3. *Attalea maripa*, da família *Arecaceae*.

Uma amostra disso está na receita do bolo de inajá que incluímos neste livro. Finalmente, o tucumã,[4] palmeira muito comum na natureza e quase nunca cultivada, fornece excelentes frutos para o consumo *in natura* e para o preparo de deliciosos sucos, sorvetes e geleias.

Entre as muitas frutas tropicais, nativas e exóticas, que fazem a festa dos doces, sucos e sorvetes do Amapá, podemos mencionar: bacuri,[5] caju,[6] castanha-do-pará,[7] cupuaçu,[8] goiaba,[9] manga,[10] mangaba,[11] murici,[12] taperebá (também chamado, em outras regiões, de "cajá-mirim"),[13] umari[14] e uxi[15] – com o devido pedido de desculpas às dezenas deixadas de fora dessa sucinta lista. No clima equatorial do Amapá, os sucos e sorvetes se tornaram uma forte tradição culinária, como não poderia deixar de ser.

No rol das bebidas típicas, o Amapá conta com a tradicional gengibirra. A palavra vem do inglês *ginger beer*,[16] designando, pelo Brasil afora, bebidas caseiras com teor alcoólico, obtidas a partir da fermentação de variadas matérias-primas vegetais, principalmente a casca de abacaxi. Às vezes é chamada de "aluá". No Amapá, a tradição da gengibirra é forte, tanto que ela foi declarada patrimônio imaterial do estado pelo Instituto do Patrimônio Histórico e Artístico Nacional (Iphan) em 2019.[17] Na receita tradicional local, a bebida é feita com cachaça, gengibre, açúcar mascavo, cravo-da-índia, pau e folhas de canela, sementes de erva-doce e noz-moscada. Dessa mistura resulta uma bebida estimulante, energética e, dizem, afrodisíaca, usada como "combustível" para os festeiros nas rodas de batuque e marabaixo, a

4. *Astrocaryum aculeatum*, da família *Arecaceae*.
5. *Platonia insignis*, da família *Clusiaceae*.
6. *Anacardium occidentale*, da família *Anacardiaceae*.
7. *Bertholletia excelsa*, da família *Lecythidaceae*.
8. *Theobroma grandiflorum*, da família *Malvaceae*.
9. *Psidium guajava*, da família *Myrtaceae*.
10. *Mangifera indica*, da família *Anacardiaceae*.
11. *Hancornia speciosa*, da família *Apocynaceae*.
12. *Byrsonima crassifolia*, da família *Malpighiaceae*.
13. *Spondias mombin*, da família *Anacardiaceae*.
14. *Poraqueiba sericea*, da família *Icacinaceae*.
15. *Endopleura uchi*, da família *Humiriaceae*.
16. FERRAZ, Flávio. *A culinária do Rio de Janeiro*: da colônia à atualidade. São Paulo: Metalivros, 2017. p. 286.
17. GRANDI, Guilherme. Refrigerante gengibirra é tombado como patrimônio cultural imaterial. *Gazeta do Povo*, 12 abr. 2019. Disponível em: https://www.gazetadopovo.com.br/bomgourmet/produtos-ingredientes/gengibirra-tombada-patrimonio-cultural-imaterial-de-palmeira/. Acesso em: 13 set. 2020.

principal manifestação cultural popular do estado, de origem africana, igualmente patrimônio imaterial do estado por decreto do Iphan.[18] Na região do rio Curiaú a gengibirra é preparada pela comunidade e distribuída gratuitamente aos festeiros, noite adentro, durante essa importante manifestação cultural e festiva da cultura negra. Hoje, já existem marcas de gengibirra fabricadas industrialmente, trazendo visibilidade nacional a esse tradicional produto do Amapá.

Na atualidade, para além da tradição sedimentada, verifica-se no Amapá, como em quase todas as regiões do país, uma valorização de ingredientes regionais e do receituário popular, que se dá, entretanto, no bojo de um trabalho que os alia, com muita inventividade, a novas técnicas e modas da culinária nacional e internacional. Concursos e festivais têm estimulado a criatividade de jovens *chefs*, que lançam mão de ingredientes regionais consagrados para criar receitas novas, ao mesmo tempo que realizam releituras de receitas da tradição.[19] Com isso fazem da gastronomia uma arte em constante transformação e enriquecimento.

Com a coletânea de receitas que se segue, na qual privilegiamos a culinária tradicional, pretendemos disponibilizar ao leitor uma vitrine da culinária amapaense e, outrossim, demonstrar que ela pode ser destacada do plano geral da cozinha amazônica ou nortista e atender pelo nome próprio.

*Junho de 2023*

18. Sobre o marabaixo, cf. BRASIL. Ministério da Cultura. Instituto do Patrimônio Histórico e Artístico Nacional. Departamento de Patrimônio Imaterial. Coordenação-Geral de Identificação e Registro. Coordenação de Registro. *Dossiê de registro*: marabaixo. Brasília: Ministério da Cultura, 2018. Disponível em: http://portal.iphan.gov.br/uploads/ckfinder/arquivos/DOSSIE_MARABAIXO.pdf. Acesso em: 13 set. 2020.

19. Para ficar apenas em um exemplo desse tipo de empreitada, do qual resultou a publicação de um livro, cf. ASSOCIAÇÃO BRASILEIRA DE BARES E RESTAURANTES: ABRASEL NO AMAPÁ. *Original do Brasil*: livro de receitas: segredos dos chefes. Macapá: Abrasel, 2019. Disponível em: https://drive.google.com/file/d/11ES93m6HYQ1KF_XsnG6HMEBiy9NtWtmZ/view. Acesso em: 24 ago. 2020.

# PETISCOS E ENTRADAS

# BOLINHAS DE CAMARÃO

• 40 porções •

## Ingredientes

**Para o recheio**

100 g de manteiga
1 cebola cortada em pedacinhos
2 dentes de alho cortados em pedacinhos
½ pimentão vermelho cortado em pedacinhos
500 g de camarões limpos, sem casca nem cabeça
Sal a gosto

**Para a massa**

500 ml de caldo do preparo do camarão
1 cebola cortada em pedacinhos
2 dentes de alho amassados
350 g de farinha de trigo
125 g de queijo parmesão ralado
1 batata cozida, descascada e passada no espremedor
3 colheres (sopa) de manteiga

**Para a finalização**

Farinha de trigo, o suficiente
2 ovos ligeiramente batidos
Farinha de rosca, o suficiente
Óleo para fritar, o suficiente

## Preparo

**Recheio**

1. Numa panela, aquecer a manteiga e refogar a cebola e depois o alho.
2. Acrescentar o pimentão e cozinhar por 5 minutos.
3. Juntar o camarão e o sal, mexer e deixar no fogo por aproximadamente 10 minutos, ou até que esteja cozido.
4. Separar o camarão e reservar para rechear as bolinhas.
5. Bater o caldo no liquidificador e reservar para usar na massa.

**Massa**

1. Numa panela, aquecer o caldo de camarão batido.
2. Acrescentar a cebola e o alho e cozinhar por 10 minutos.
3. Juntar a farinha de trigo e cozinhar por 3 minutos, mexendo sempre com uma colher de pau. Retirar do fogo.
4. Adicionar o queijo, misturar e deixar esfriar.
5. Transferir a mistura para uma superfície de trabalho untada com óleo, juntar a batata amassada e a manteiga e misturar com as mãos até obter uma massa homogênea.

**Finalização**

1. Com as mãos, tomar pequenas porções de massa, abrir, rechear com o camarão e fechar, moldando as bolinhas.
2. Passar as bolinhas na farinha de trigo, depois nos ovos e, por fim, na farinha de rosca.
3. Numa panela grande, aquecer bem uma quantidade de óleo suficiente para cobrir as bolinhas e fritá-las até que estejam com toda a superfície corada. Ao retirá-las da panela, deixá-las por alguns minutos sobre papel absorvente, a fim de retirar o excesso de óleo.

# BOLINHOS DE PIRACUÍ

• 12 unidades •

## Ingredientes

3 colheres (sopa) de azeite de oliva
1 cebola cortada em pedacinhos
2 dentes de alho cortados em pedacinhos
200 g de piracuí
Sal a gosto
Pimenta-do-reino moída a gosto
500 g de macaxeira cozida e amassada
1 ovo
1 colher (sopa) de farinha de trigo
1 colher (sopa) de manteiga
1 xícara (chá) de salsinha picada
1 xícara (chá) de leite
3 xícaras (chá) de farinha de rosca
Óleo para fritar, o suficiente

## Preparo

1. Numa panela, aquecer o azeite e refogar a cebola e depois o alho.
2. Acrescentar o piracuí, o sal e a pimenta-do-reino e refogar.
3. Juntar a macaxeira, o ovo, a farinha de trigo, a manteiga e a salsinha e misturar bem.
4. Com as mãos, moldar os bolinhos.
5. Molhar os bolinhos no leite e depois passá-los pela farinha de rosca.
6. Numa panela grande, aquecer bem uma quantidade de óleo suficiente para cobrir os bolinhos e fritá-los até que estejam com toda a superfície corada. Ao retirá-los da panela, deixá-los por alguns minutos sobre papel absorvente, a fim de retirar o excesso de óleo.

# BOLINHOS DE PIRARUCU

• 20 porções •

## Ingredientes

½ kg de pirarucu seco dessalgado (de molho por 12 horas em água trocada ao menos 4 vezes) e bem desfiado (se necessário, passar por um moedor)
1 kg de batatas descascadas, cozidas e espremidas
1 cebola cortada em pedacinhos
5 ovos (claras e gemas separadas)
2 colheres (de sopa) de azeite de oliva
½ xícara (chá) de coentro picado
Pimenta-do-reino moída a gosto
Sal a gosto
Óleo para fritar, o suficiente

## Preparo

1. Misturar o pirarucu com a massa de batata espremida, a cebola, as gemas, o azeite, o coentro e a pimenta-do-reino. Provar e corrigir o sal se necessário.
2. Juntar as claras batidas em neve e misturar bem.
3. Com o auxílio de uma colher de sopa, moldar os bolinhos e fritá-los em óleo bem quente. Virar os bolinhos de um lado e de outro para dourarem por igual.
4. Ao retirar os bolinhos da fritura, colocá-los sobre papel absorvente para eliminar o excesso de óleo.

### Sugestão

Servir com molho de pimenta-malagueta.

# CASQUINHA DE CARANGUEJO

• 6 porções •

## Ingredientes

½ kg de carne de caranguejo
1 xícara (chá) de vinagre de vinho branco
Água, o suficiente
Suco de 1 limão
Sal a gosto
2 dentes de alho amassados
Pimenta calabresa a gosto
4 colheres (sopa) de azeite de oliva
1 cebola cortada em pedacinhos
2 dentes de alho cortados em pedacinhos
2 tomates sem pele nem sementes, cortados em pedacinhos
½ pimentão verde cortado em pedacinhos
2 pimentas-de-cheiro cortadas em pedacinhos
2 gemas
½ xícara (chá) de cebolinha picada
½ xícara (chá) de salsinha picada
½ xícara (chá) de chicória-do-pará picada
3 colheres (sopa) de farinha de mandioca crua
1 gema para pincelar
Farinha de rosca para polvilhar, o suficiente

## Preparo

1. Lavar a carne de caranguejo no vinagre e depois em água abundante e escorrer.
2. Numa vasilha, misturar a carne de caranguejo com o suco de limão, o sal, o alho amassado e a pimenta calabresa. Reservar.
3. Numa panela, aquecer o azeite e refogar a cebola e depois o alho.
4. Acrescentar o tomate, o pimentão, a pimenta-de-cheiro e as duas gemas e cozinhar por 5 minutos.
5. Juntar a carne de caranguejo e deixar cozinhar por 10 minutos, mexendo sempre com uma colher de pau.
6. Adicionar a cebolinha, a salsinha, a chicória-do-pará e a farinha de mandioca e retirar do fogo.
7. Distribuir a mistura em casquinhas ou tigelas individuais, pincelar a superfície com a gema, polvilhar a farinha de rosca e levar ao forno preaquecido a 180 °C por 15 minutos.

### Sugestão

Servir com o molho de pimenta da preferência

# COXINHAS DO AMAPÁ

• 20 unidades •

## Ingredientes

### Para a massa

1 l de água
150 g de manteiga
Sal a gosto
400 g de farinha de trigo

### Para o recheio

4 colheres (sopa) de azeite de oliva
½ cebola cortada em pedacinhos
2 dentes de alho cortados em pedacinhos
1 pimenta-de-cheiro cortada em pedacinhos
500 g de peito de frango cozido em tucupi e desfiado
1 colher (sobremesa) de extrato de tomate
Sal a gosto
½ xícara (chá) de jambu cozido em água, escorrido e picado
½ xícara (chá) de salsinha picada

### Para empanar

4 ovos batidos
4 xícaras (chá) de farinha de rosca

### Para fritar

Óleo de milho, o suficiente

## Preparo

### Massa

1. Numa panela, juntar a água, a manteiga e o sal e levar ao fogo até levantar fervura.
2. Despejar a farinha de trigo e deixar cozinhar, mexendo sem parar com uma colher de pau, até obter uma massa que se desgrude do fundo da panela. Reservar.

### Recheio

1. Numa panela, aquecer o azeite e dourar a cebola e depois o alho.
2. Acrescentar a pimenta-de-cheiro e deixar cozinhar por 3 minutos.
3. Juntar o frango, o extrato de tomate, o sal e o jambu e misturar.
4. Salpicar a salsinha e retirar do fogo. Reservar.

### Finalização

1. Com as mãos, fazer bolinhas com a massa e abri-las com as pontas dos dedos.
2. Preencher com o recheio e moldar em forma de coxinhas.
3. Empanar as coxinhas, passando-as pelos ovos e depois pela farinha de rosca.
4. Numa panela grande, aquecer bem uma quantidade de óleo suficiente para cobrir as coxinhas e fritá-las até que fiquem inteiramente douradas.
5. Ao retirar as coxinhas da panela, deixá-las por alguns minutos sobre papel absorvente, a fim de retirar o excesso de óleo.

### Sugestão

Servir com o molho de pimenta da preferência.

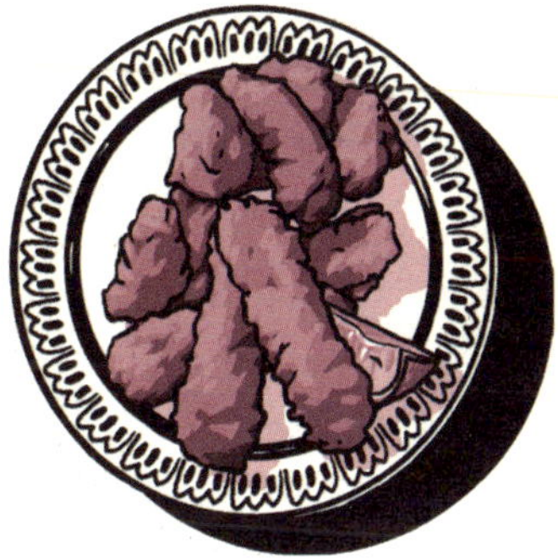

# ISCAS DE PIRARUCU

• 8 porções •

## Ingredientes

500 g de pirarucu fresco cortado em iscas
Suco de 2 limões
Sal a gosto
Pimenta-do-reino moída a gosto
4 ovos batidos
1 xícara (chá) de farinha de trigo
1 xícara (chá) de farinha de tapioca
Óleo para fritar, o suficiente

## Preparo

1. Temperar as iscas de pirarucu com o suco de limão, o sal e a pimenta-do-reino e deixar por 15 minutos. Escorrer.
2. Passar pelos ovos, pela farinha de trigo e depois pela de tapioca.
3. Numa panela grande, aquecer bem uma quantidade de óleo suficiente para cobrir as iscas e fritá-las até que estejam coradas. Ao retirá-las da panela, deixá-las por alguns minutos sobre papel absorvente, a fim de retirar o excesso de óleo.

### Sugestão

Servir com maionese, limões cortados em quartos e o molho de pimenta da preferência.

# MINGAU DE AÇAÍ

• 4 porções •

## Ingredientes

1 xícara (chá) de arroz
2 xícaras (chá) de água
Sal a gosto
2 xícaras (chá) de polpa de açaí

## Preparo

1. Numa panela de pressão, cozinhar o arroz na água por 5 minutos, contados depois que o vapor começar a sair.
2. Abrir a panela, adicionar o sal e cozinhar até que o arroz esteja bem mole, mexendo sempre. Se o arroz estiver seco, acrescentar a quantidade de água suficiente para umedecê-lo.
3. Quando o arroz chegar ao ponto de um mingau, retirar do fogo, acrescentar o açaí e misturar.

# PASTA DE TAMUATÁ

• 10 porções •

## INGREDIENTES

2 kg de tamuatás limpos e sem as cabeças
Suco de 2 limões
Pimenta-do-reino moída a gosto
Azeite de oliva para untar, o suficiente
1 cebola cortada em pedaços
2 tomates sem pele nem sementes, cortados em pedaços
4 pimentas-de-cheiro
4 dentes de alho
200 g de creme de leite
Sal a gosto

## PREPARO

1. Temperar os tamuatás com o suco de limão e a pimenta-do-reino e deixar por 30 minutos.
2. Numa assadeira untada com azeite de oliva, levar ao forno por aproximadamente 30 minutos, ou até que o peixe esteja assado.
3. Retirar os tamuatás do forno e remover-lhes a casca e as espinhas. Reservar.
4. No liquidificador, bater a cebola, o tomate, a pimenta-de-cheiro, o alho, o creme de leite e o sal até obter um molho homogêneo.
5. Juntar o tamuatá e bater mais até obter uma pasta.

### SUGESTÃO

Servir com torradas, pãezinhos ou tapioquinhas.

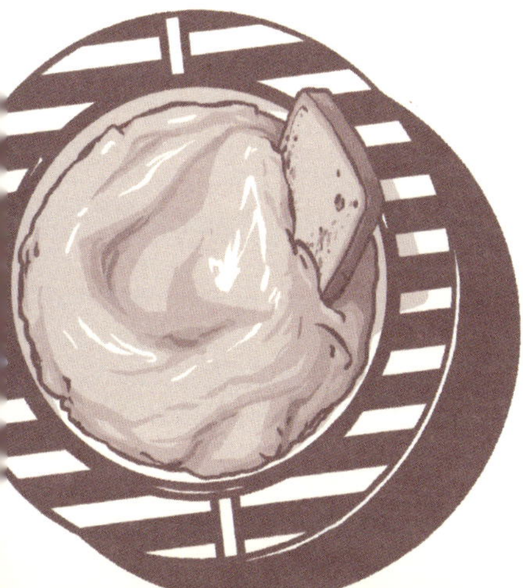

# TACACÁ[20]

• 6 porções •

## Ingredientes

1 l de tucupi
1 dente de alho amassado
4 folhas de chicória-do-pará
1 pimenta-de-cheiro-do-pará
250 g de goma de mandioca
1 l de água fria
½ maço de jambu cozido em água por 5 minutos
10 camarões secos sem a cabeça, aferventados em água e escorridos

## Preparo

1. Numa panela, levar ao fogo médio o tucupi, o alho, a chicória e a pimenta e deixar ferver por 20 minutos.
2. Em outra panela, dissolver a goma de mandioca na água fria e depois levar ao fogo médio, mexendo sempre até engrossar e ficar transparente.
3. Em cuias apropriadas, colocar um pouco do caldo de tucupi, depois a goma e mais caldo. A proporção deve ser de 70% de tucupi para 30% de goma.
4. Juntar as folhas de jambu e 1 camarão em cada cuia.
5. Servir quente.

20. Receita da tradição amazônica geral.

# TAPIOCA COM PIRARUCU DESFIADO AO LEITE DE CASTANHA-DO-PARÁ

• 1 porção •

## Ingredientes

### Para a tapioca

Goma de tapioca hidratada, o suficiente para fazer uma camada fina no fundo de uma frigideira
1 pitada de sal

### Para o recheio

1 colher (sopa) de azeite de oliva
1 colher (sopa) de cebola cortada em pedacinhos
½ dente de alho amassado
Aproximadamente ½ xícara (chá) de pirarucu dessalgado e desfiado
Sal a gosto
Pimenta-do-reino moída a gosto
½ xícara (chá) de leite de castanha--do-pará
1 colher (sopa) de salsinha picada

## Preparo

### Tapioca

1. Numa vasilha, misturar a goma de tapioca e o sal.
2. Levar ao fogo uma frigideira antiaderente e deixar que fique bem aquecida.
3. Com o auxílio de uma colher, polvilhar a goma de tapioca de modo a preencher todo o fundo da frigideira com uma camada fina.
4. Alisar a tapioca com uma colher para que fique uma superfície plana e uniforme.
5. Assim que se formar uma espécie de beiju, acrescentar o recheio sobre a superfície e dobrar a tapioca ao meio, de modo a cobrir o recheio.

### Recheio

1. Numa frigideira, aquecer o azeite e dourar a cebola e depois o alho.
2. Juntar o pirarucu e refogar.
3. Acrescentar o sal, a pimenta-do--reino e o leite de castanha-do-pará e deixar cozinhar por 10 minutos.
4. Salpicar a salsinha e retirar do fogo.

# UNHAS DE CARANGUEJO[21]

• 50 unidades •

## Ingredientes

**Para a marinada das patinhas de caranguejo**

1 kg de patinhas de caranguejo
Suco de 1 limão
1 dente de alho amassado
2 colheres (sopa) de cebolinha picada
2 colheres (sopa) de salsinha picada

**Para a carne de caranguejo**

Miolos de 3 pãezinhos amanhecidos
½ xícara (chá) de leite
1 kg de batatas cozidas
1 kg de carne de caranguejo
Suco de 2 limões
2 cebolas cortadas em pedacinhos
2 dentes de alho amassados
Sal a gosto
3 colheres (sopa) de azeite de oliva
3 claras levemente batidas
250 g de farinha de rosca
Óleo para fritar, o suficiente

## Preparo

1. Temperar as patinhas de caranguejo com o suco de limão, o alho, a cebolinha e a salsinha e mantê-las nesse preparo por 20 minutos. Escorrer, enxugar com papel absorvente e reservar.
2. Deixar o miolo de pão de molho no leite por 5 minutos.
3. Misturar o miolo de pão com a batata e passar pelo espremedor. Reservar.
4. Lavar a carne de caranguejo com o suco de limão e juntar a cebola, o alho e o sal.
5. Numa panela, aquecer o azeite, refogar a carne de caranguejo com os temperos e cozinhar por 5 minutos.
6. Retirar do fogo e misturar com a massa de pão e batata.
7. Cobrir as patinhas de caranguejo com a massa obtida, passá-las na clara de ovo e depois na farinha de rosca.
8. Numa panela grande, aquecer bem uma quantidade de óleo suficiente para cobrir as patinhas e fritá-las até que estejam coradas. Ao retirá-las da panela, deixá-las por alguns minutos sobre papel absorvente, para retirar o excesso de óleo.

21. Receita em comum com a tradição paraense.

# PRATOS SALGADOS

# ARROZ AMAPAENSE

• 6 porções •

## Ingredientes

### Para o frango

6 coxas de frango
Sal a gosto
Suco de 1 limão
4 colheres (sopa) de azeite de oliva
1 cebola cortada em pedacinhos
2 dentes de alho amassados
1 tomate sem pele nem sementes, cortado em pedacinhos
1 pimenta-de-cheiro picada
1 pimenta-malagueta picada
½ xícara (chá) de salsinha picada
½ xícara (chá) de cebolinha picada
Pimenta-do-reino moída a gosto
1 l de água fervente

### Para o arroz

8 colheres (chá) de azeite de oliva
1 cebola cortada em pedacinhos
2 dentes de alho amassados
A carne desfiada das coxas de frango
1 ½ xícara (chá) de arroz
2 tomates sem pele nem sementes, cortados em pedacinhos
O caldo aquecido do cozimento das coxas de frango
Água fervente, o suficiente
Pimenta-do-reino moída a gosto
Sal a gosto
200 g de batata-palha (frita)
1 banana-da-terra cortada em cubos e frita
½ xícara (chá) de uvas-passas brancas
1 xícara (chá) de grãos de milho verde cozido
200 g de ervilhas em conserva
½ xícara (chá) de ameixas-pretas sem caroço, cortadas em pedacinhos
½ xícara (chá) de azeitonas verdes descaroçadas e picadas
½ xícara (chá) de cebolinha picada
½ xícara (chá) de salsinha picada
100 ml de queijo parmesão ralado

## Preparo

### Frango

1. Lavar as coxas e deixá-las numa marinada com sal e suco de limão por meia hora. Escorrer e reservar.
2. Numa panela, aquecer o azeite e dourar a cebola e depois o alho.
3. Juntar as coxas e deixar corar bem.
4. Acrescentar os demais ingredientes e manter no fogo por cerca de 1 hora, ou até que as coxas estejam bem cozidas.
5. Retirar do fogo, deixar esfriar e separar as coxas do caldo de cozimento.
6. Coar o caldo e reservar.
7. Desfiar as coxas, eliminando os ossos e cartilagens. Reservar.

### Arroz

1. Numa panela, aquecer o azeite e dourar a cebola e depois o alho.
2. Juntar a carne de frango desfiada e o arroz e refogar.
3. Acrescentar o tomate, o caldo de cozimento das coxas e mais a quantidade de água fervente necessária para perfazer 1 litro de líquido.
4. Adicionar a pimenta-do-reino e o sal, cuidando para que este não seja excessivo, uma vez que o frango já estará salgado.
5. Com a panela semitampada, cozinhar em fogo baixo, regando com água fervente se começar a secar, até que o arroz esteja macio.
6. Quando o arroz estiver pronto, juntar os demais ingredientes, misturar delicadamente e retirar do fogo.

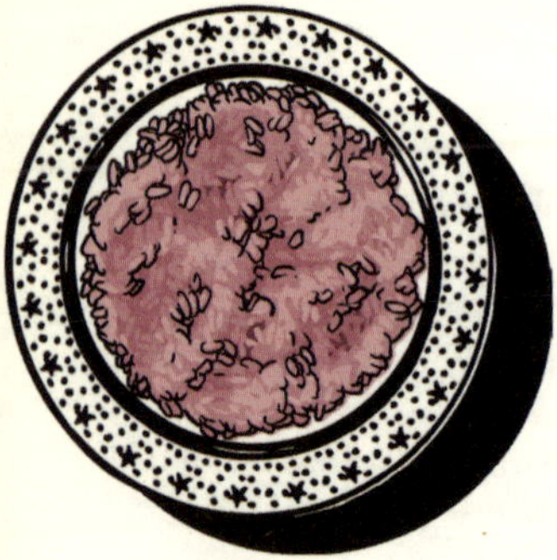

# ARROZ DE CAMARÃO

• 4 porções •

## INGREDIENTES

800 g de camarão limpo e sem casca
3 dentes de alho amassados
Sal a gosto
Suco de 1 limão
100 g de camarão seco com casca, dessalgado em água fria por 1 hora e escorrido
1 l de água
2 colheres (sopa) de manteiga
1 cebola cortada em pedacinhos
1 xícara (chá) de arroz
1 xícara (chá) de vinho branco seco
Pimenta-do-reino moída a gosto
Noz-moscada ralada a gosto

## PREPARO

1. Temperar o camarão com metade do alho, o sal e o suco de limão e deixar por 15 minutos.
2. Numa panela, cozinhar o camarão seco com a água por 20 minutos, contados depois que levantar fervura. Bater no liquidificador e reservar.
3. Em outra panela, aquecer a manteiga e refogar a cebola e depois o restante do alho.
4. Acrescentar o arroz e refogar.
5. Despejar o vinho e deixar por 5 minutos.
6. Adicionar o caldo do camarão seco e, com a panela semitampada, manter no fogo baixo até que o arroz comece a ficar macio.
7. Juntar o camarão, a pimenta-do--reino, a noz-moscada e mais sal, se necessário, e deixar até que o arroz esteja macio, mas não completamente seco.

# CALDEIRADA DE FILHOTE

• 6 porções •

## INGREDIENTES

### Para o caldo de peixe

A cabeça e o rabo do peixe
1 cenoura descascada e cortada em pedaços
1 cebola cortada em quartos
1 dente de alho
1 tomate cortado em quartos
2 talos de salsão picados
2 talos de alho-poró picados
2 pimentas-de-cheiro picadas
1 maço de cebolinha (incluindo a parte branca)
1 maço de salsinha
2 folhas de louro
1 colher (sopa) de pimenta-do-reino em grão
Água, o suficiente

### Para a caldeirada

8 colheres (sopa) de azeite de oliva
2 cebolas cortadas em pedacinhos
4 dentes de alho amassados
1 xícara (chá) de cebolinha picada
1 xícara (chá) de chicória-do-pará picada
4 pimentas-de-cheiro picadas em pedacinhos
4 xícaras (chá) do caldo de peixe
Sal a gosto
Pimenta-do-reino moída a gosto
1 colher (sopa) de açafrão-da-terra
1 ½ kg de filhote em postas lavadas em suco de limão
1 xícara (chá) de folhas de jambu picadas
6 batatas de tamanho médio descascadas, ligeiramente cozidas em água com sal
1 xícara (chá) de salsinha picada
6 ovos cozidos descascados

### Para o pirão

2 xícaras (chá) do caldo da caldeirada pronta
1 xícara (chá) de farinha d'água ou de outra farinha de mandioca crua

## PREPARO

### Caldo de peixe

1. Numa panela, juntar todos os ingredientes, cobrir com água e deixar ferver em fogo baixo por 1 hora, repondo água fervente à medida que o caldo for secando.

2. Coar a mistura e aproveitar apenas a parte líquida para a caldeirada.

**Caldeirada**

1. Numa panela, aquecer o azeite e refogar a cebola e depois o alho.
2. Acrescentar a cebolinha, a chicória-do-pará e a pimenta--de-cheiro e refogar. Reservar.
3. Em outra panela despejar o caldo de peixe, adicionar o sal, a pimenta-do-reino e o açafrão--da-terra e levar ao fogo até levantar fervura.
4. Juntar o peixe e cozinhar em fogo médio por 15 minutos. Retirar o peixe e reservar.
5. Com uma colher grande, retirar o excesso de gordura do caldo da panela, se necessário.
6. Adicionar a água do cozimento do peixe ao refogado, levar ao fogo e esperar que ferva.
7. Acrescentar as postas de peixe, as folhas de jambu e a batata e deixar cozinhar por mais 15 minutos, ou até que o peixe esteja cozido, porém firme. Corrigir o sal, se necessário.
8. Salpicar a salsinha, juntar os ovos e retirar do fogo.

**Pirão**

1. Numa panela, colocar o caldo da caldeirada pronta e, com o fogo baixo, acrescentar aos poucos a farinha d'água, mexendo constantemente com uma colher de pau, para não empelotar.
2. Retirar do fogo quando a farinha estiver cozida e o pirão começar a se soltar do fundo da panela.

**Sugestão**

Servir com arroz branco e o molho de pimenta da preferência.

# CALDEIRADA DE PITU COM TUCUPI E JAMBU

• 4 porções •

## Ingredientes

500 g de pitus limpos e sem casca
Suco de 1 limão
Sal a gosto
400 ml de tucupi
200 ml de água
4 dentes de alho cortados em pedacinhos
1 xícara (chá) de folhas de chicória-do-pará picadas
1 colher (chá) de açúcar
8 colheres (sopa) de azeite de oliva
1 cebola cortada em rodelas
2 tomates sem pele nem sementes, cortados em pedacinhos
½ pimentão vermelho cortado em rodelas
½ pimentão amarelo cortado em rodelas
1 pimenta-de-cheiro cortada em pedacinhos
1 xícara (chá) de jambu cozido em água e picado

## Preparo

1. Temperar os pitus com o suco de limão e o sal e deixar por 15 minutos.
2. Numa panela, juntar o tucupi com a água, metade do alho, a chicória-do-pará, o açúcar e uma pitada de sal e levar ao fogo até levantar fervura. Reservar.
3. Em outra panela, aquecer o azeite e dourar a cebola e depois o restante do alho.
4. Acrescentar o pitu e deixar corar.
5. Adicionar o tomate, os pimentões e a pimenta-de-cheiro e cozinhar por 5 minutos.
6. Juntar o tucupi reservado e o jambu, corrigir o sal, se necessário, e cozinhar por mais 3 minutos.

### Sugestão

Servir com arroz branco, farinha d'água e o molho de pimenta da preferência.

# CALDEIRADA DE TUCUNARÉ

• 4 porções •

INGREDIENTES

**Para o caldo de peixe**

A cabeça e o rabo do peixe
1 cenoura descascada e cortada em pedaços
1 cebola cortada em quartos
1 dente de alho
1 tomate cortado em quartos
2 talos de salsão picados
2 talos de alho-poró picados
2 pimentas-de-cheiro picadas
1 maço de cebolinha (incluindo a parte branca)
1 maço de salsinha
2 folhas de louro
1 colher (sopa) de pimenta-do-reino em grão
Água, o suficiente

**Para a caldeirada**

1 kg de tucunaré em postas
Água, o suficiente
Suco de 1 limão
8 colheres (sopa) de azeite de oliva
2 cebolas cortadas em rodelas
2 dentes de alho picadinhos
1 l do caldo de peixe
3 tomates maduros, sem casca nem sementes, cortados em rodelas
1 pimentão vermelho cortado em pedaços pequenos
3 pimentas-de-cheiro picadas
½ xícara (chá) de cebolinha picada
½ xícara (chá) de coentro picado
2 batatas cortadas em rodelas
1 colher (sobremesa) de colorau
Sal a gosto
4 ovos cozidos descascados

**Para o pirão**

2 xícaras (chá) do caldo da caldeirada pronta
1 xícara (chá) de farinha d'água ou de outra farinha de mandioca crua

## Preparo

### Caldo de peixe

1. Numa panela, juntar todos os ingredientes, cobrir com água e deixar ferver em fogo baixo por 1 hora, repondo água fervente à medida que o caldo for secando.
2. Coar a mistura e aproveitar apenas a parte líquida para a caldeirada.

### Caldeirada

1. Lavar o peixe em água e, numa vasilha, deixar por 15 minutos no suco de limão.
2. Numa panela, aquecer o azeite e dourar a cebola e depois o alho.
3. Juntar o caldo de peixe, o tomate, o pimentão, a pimenta-de-cheiro, a cebolinha, o coentro, a batata, o colorau e o sal e cozinhar até que a batata comece a amolecer.
4. Colocar o peixe na panela e, se o caldo estiver muito reduzido, acrescentar mais água.
5. Cozinhar o peixe por aproximadamente 15 minutos. Antes de retirar do fogo, juntar os ovos e verificar se a batata ficou cozida.

### Pirão

1. Numa panela, colocar o caldo da caldeirada pronta e, com o fogo baixo, acrescentar aos poucos a farinha d'água, mexendo constantemente com uma colher de pau, para não empelotar.
2. Retirar do fogo quando a farinha estiver cozida e o pirão começar a se soltar do fundo da panela.

### Sugestão

Servir com arroz branco e o molho de pimenta da preferência.

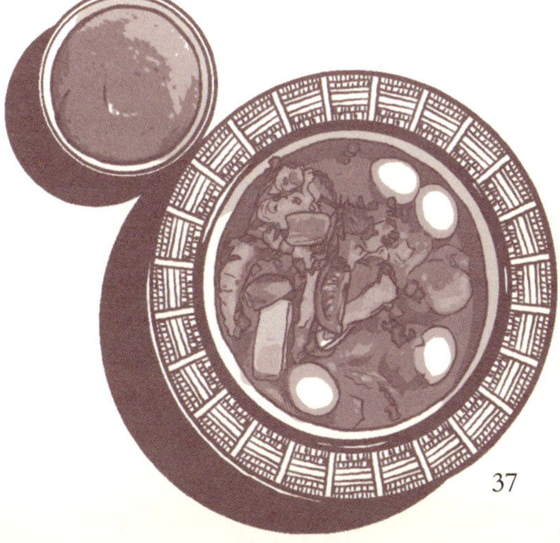

# CALDEIRADA MISTA DE PEIXE E PITU

• 6 porções •

## Ingredientes

### Para o caldo de peixe

A cabeça e o rabo do peixe
1 cenoura descascada e cortada em pedaços
1 cebola cortada em quartos
1 dente de alho
1 tomate cortado em quartos
2 talos de salsão picados
2 talos de alho-poró picados
2 pimentas-de-cheiro picadas
1 maço de cebolinha (incluindo a parte branca)
1 maço de salsinha
2 folhas de louro
1 colher (sopa) de pimenta-do-reino em grão
Água, o suficiente

### Para a caldeirada

1 kg de filhote (ou de outro peixe da preferência) em postas
Sal a gosto
Suco de 2 limões
Pimenta-do-reino moída a gosto
1 kg de pitus limpos e sem casca
8 colheres (sopa) de azeite
1 cebola cortadas em pedacinhos
3 dentes de alho amassados
2 tomates sem pele nem sementes, cortados em rodelas
2 pimentas-de-cheiro picadas em pedacinhos
1 xícara (chá) de cebolinha picada
1 xícara (chá) de coentro picado
1 xícara (chá) de chicória-do-pará picada
2 xícaras (chá) do caldo de peixe
200 ml de leite de coco
1 colher (sopa) de açafrão-da-terra
1 xícara (chá) de folhas de jambu picadas
1 xícara (chá) de salsinha picada

### Para o pirão

2 xícaras (chá) do caldo da caldeirada pronta
1 xícara (chá) de farinha d'água ou de outra farinha de mandioca crua

## Preparo

### Caldo de peixe

1. Numa panela, juntar todos os ingredientes, cobrir com água e deixar ferver em fogo baixo por 1 hora, repondo água fervente à medida que o caldo for secando.
2. Coar a mistura e aproveitar apenas a parte líquida para a caldeirada.

### Caldeirada

1. Numa vasilha, temperar o peixe com sal, suco de limão e pimenta-do-reino e deixar por 15 minutos.
2. Em outra vasilha, fazer o mesmo com o pitu.
3. Numa panela, aquecer o azeite e refogar a cebola e depois o alho.
4. Acrescentar o tomate, a pimenta-de-cheiro, a cebolinha, o coentro e a chicória-do-pará e refogar por 3 minutos.
5. Juntar o peixe, o caldo de peixe, o leite de coco, o açafrão-da-terra e o jambu e cozinhar em fogo médio por 5 minutos.
6. Acrescentar o pitu e cozinhar por aproximadamente mais 10 minutos, ou até que o peixe e o pitu estejam cozidos. Cuidar para que o peixe não se desfaça.
7. Corrigir o sal, se necessário.
8. Salpicar a salsinha e retirar do fogo.

### Pirão

1. Numa panela, colocar o caldo da caldeirada pronta e, com o fogo baixo, acrescentar aos poucos a farinha d'água, mexendo constantemente com uma colher de pau, para não empelotar.
2. Retirar do fogo quando a farinha estiver cozida e o pirão começar a se soltar do fundo da panela.

### Sugestão

Servir com arroz branco e o molho de pimenta da preferência.

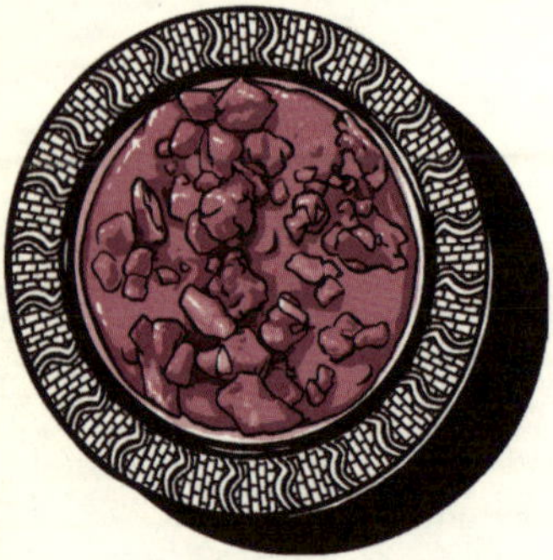

# CALDO DE COSTELINHA COM MACAXEIRA

• 4 porções •

## Ingredientes

1 kg de macaxeira
Água, o suficiente
4 colheres (sopa) de óleo
4 colheres (sopa) de azeite de oliva
1 cebola cortada em pedacinhos
2 dentes de alho amassados
1 kg de costelinha suína
1 tomate sem pele nem sementes, cortado em pedacinhos
½ xícara (chá) de cebolinha picada
1 colher (chá) de páprica picante
Sal a gosto
½ xícara (chá) de salsinha picada

## Preparo

1. Numa panela, cobrir a macaxeira com água e cozinhar até que fique bem macia, quase se desfazendo. Reservar com a água do cozimento.
2. Numa panela de pressão, aquecer o óleo e o azeite e dourar a cebola e depois o alho.
3. Juntar a costelinha e deixar corar.
4. Adicionar o tomate, a cebolinha, a páprica e o sal, cobrir com a água do cozimento da macaxeira (se necessário para cobrir, acrescentar água), tampar a panela e cozinhar por 45 minutos, contados depois que começar a sair o vapor.
5. Retirar do fogo, deixar sair a pressão e abrir a panela. Juntar a macaxeira cozida e levar novamente ao fogo, com a panela aberta, por mais 15 minutos.
6. Salpicar a salsinha e retirar do fogo.

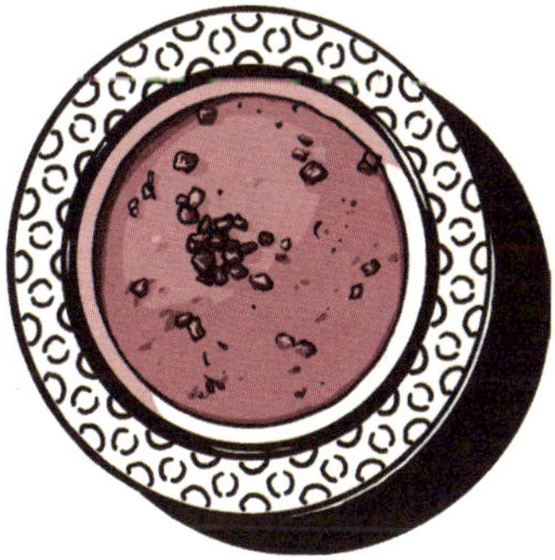

# CALDO DE MACAXEIRA

• 4 porções •

## Ingredientes

400 g de macaxeira descascada e cortada em pedaços
Água, o suficiente
200 g de toucinho defumado (*bacon*) cortado em pedacinhos
1 cebola cortada em pedacinhos
100 g de linguiça calabresa cortada em rodelas
4 dentes de alho cortados em pedacinhos
1 tomate sem pele nem sementes, cortado em pedacinhos
½ pimentão vermelho cortado em pedacinhos
2 pimentas-de-cheiro cortadas em pedacinhos
½ xícara (chá) de chicória-do-pará picada
½ xícara (chá) de cebolinha picada
½ xícara (chá) de salsinha picada

## Preparo

1. Numa panela, cobrir a macaxeira com água e levar ao fogo, deixando cozinhar até que esteja bem macia, quase se desfazendo. Reservar com a água do cozimento.
2. Numa panela, fritar o toucinho defumado, sem acréscimo de óleo; ele se frita na própria gordura que soltar.
3. Acrescentar a cebola e refogar.
4. Juntar a linguiça calabresa e o alho e deixar dourar.
5. Adicionar o tomate, o pimentão e a pimenta-de-cheiro e cozinhar por 5 minutos.
6. Transferir o refogado para a panela da macaxeira, adicionar a chicória-do-pará e a cebolinha, misturar e cozinhar por mais 10 minutos.
7. Salpicar a salsinha e retirar do fogo.

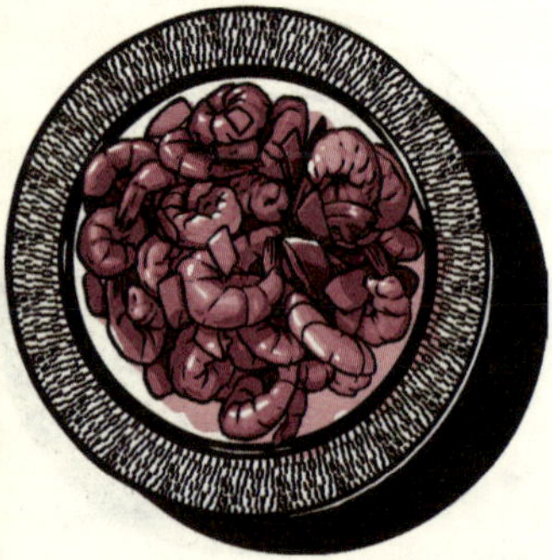

# CAMARÃO AO BAFO

• 6 porções •

## Ingredientes

1 kg de camarão-sete-barbas, com casca e sem cabeça
2 doses de cachaça branca
Sal a gosto
4 dentes de alho cortados em pedacinhos
1 cebola cortada em pedacinhos
1 pimenta dedo-de-moça sem sementes, cortada em pedacinhos
2 tomates sem pele nem sementes, cortados em pedacinhos

## Preparo

1. Numa vasilha, misturar todos os ingredientes e deixar por 1 hora. Escorrer.
2. Numa panela apropriada (que pode ser uma cuscuzeira), cozinhar no vapor por aproximadamente 10 minutos, ou até que os camarões fiquem vermelhos.

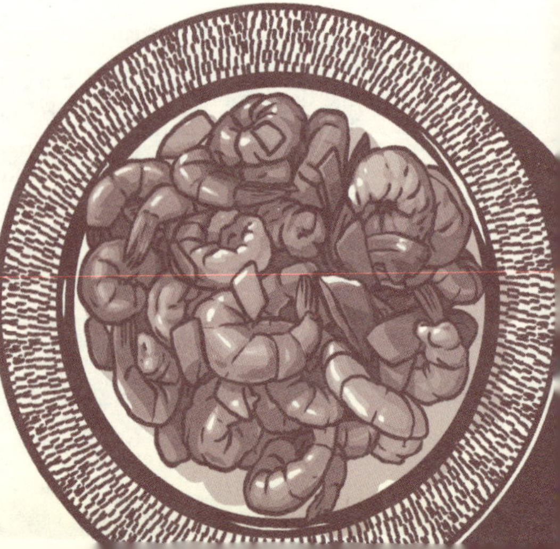

# CAMARÃO AO MOLHO DE AÇAÍ

• 4 porções •

## Ingredientes

### Para o camarão

24 camarões de tamanho médio, limpos e sem casca
Suco de ½ limão
Sal a gosto
4 dentes de alho amassados
1 xícara (chá) de coentro picado
½ xícara (chá) de folhas de jambu picadas
1 xícara (chá) de farinha de trigo
Pimenta-do-reino moída a gosto
2 ovos batidos com 1 pitada de sal
1 xícara (chá) de farinha de rosca
½ xícara (chá) de coco fresco ralado
1 xícara (chá) de farinha de tapioca
1 xícara (chá) de óleo

### Para o molho de açaí

4 colheres (sopa) de azeite de oliva
1 dente de alho amassado
6 castanhas-do-pará trituradas
300 g de polpa de açaí
Sal a gosto
Pimenta-do-reino moída a gosto

## Preparo

### Camarão

1. Deixar o camarão por 30 minutos numa marinada feita com suco de limão, sal, alho, coentro e jambu.
2. Passar os camarões pela mistura da farinha de trigo com a pimenta-do-reino.
3. Em seguida, passar os camarões pelos ovos batidos e depois pela mistura da farinha de rosca com o coco e a farinha de tapioca.
4. Numa panela, aquecer bem o óleo e fritar os camarões até que fiquem corados.
5. Ao retirar da panela, colocar os camarões sobre uma folha de papel absorvente para retirar o excesso de óleo.

### Molho de açaí

1. Numa panela, aquecer o azeite e dourar o alho e depois as castanhas-do-pará.
2. Juntar os outros ingredientes, misturar e manter no fogo apenas para aquecer.

## Montagem

Numa travessa de servir, colocar os camarões e cobri-los com o molho de açaí.

# CAMARÃO AO MOLHO DE TAPEREBÁ (CAJÁ-MIRIM)

• 6 porções •

## Ingredientes

### Para o camarão

1 colher (sobremesa) de manteiga
1 colher (sopa) de azeite de oliva
1 cebola média ralada
600 g de camarões grandes, limpos e sem casca
Sal a gosto
Pimenta-do-reino moída a gosto
2 colheres (sopa) de conhaque

### Para o molho de taperebá

2 colheres (sopa) de manteiga
1 cebola pequena cortada em pedacinhos
1 dose de vinho branco seco
200 g de polpa de taperebá (cajá--mirim)
100 g de creme de leite fresco
1 colher (chá) de mel
Sal a gosto
Pimenta-do-reino moída a gosto

## Preparo

### Camarão

1. Numa frigideira, aquecer a manteiga e o azeite e refogar a cebola.
2. Juntar o camarão, o sal e a pimenta-do-reino e refogar, até que o camarão esteja bem corado.
3. Adicionar o conhaque, deixar ferver e retirar do fogo.

### Molho de taperebá

1. Numa frigideira, aquecer a manteiga e dourar a cebola.
2. Despejar o vinho e deixar por 5 minutos.
3. Juntar a polpa de taperebá e o creme de leite e mexer.
4. Acrescentar o mel, o sal e a pimenta-do-reino e misturar.

## Montagem

Num prato de servir, dispor os camarões e cobrir com o molho de taperebá.

## Sugestão

Servir com arroz branco salpicado com amêndoas torradas e trituradas.

# CARNE DE SOL COM AÇAÍ

• 6 porções •

## Ingredientes

1 kg de carne de sol dessalgada (de molho por 12 horas em água trocada ao menos 4 vezes), cortada em cubos pequenos
Água para cozinhar, o suficiente
8 colheres (sopa) de azeite de oliva
1 cebola cortada em rodelas
1 dente de alho amassado
1 xícara (chá) de água fervente
Pimenta-do-reino moída a gosto
1 pimenta-de-cheiro picada
Sal a gosto
½ xícara (chá) de cebolinha picada
½ xícara (chá) de coentro picado
½ xícara (chá) de salsinha picada
1 l de polpa de açaí batida
500 g de farinha d'água

## Preparo

1. Numa panela de pressão, cobrir a carne de sol com água e cozinhar por 20 minutos, contados após o vapor começar a sair. Escorrer a carne cozida e reservar.
2. Numa panela, aquecer bem o azeite e dourar a cebola e depois o alho.
3. Juntar a carne e deixar até que fique bem corada.
4. Acrescentar a água fervente, a pimenta-do-reino, a pimenta--de-cheiro, o sal, a cebolinha e o coentro e cozinhar até quase secar.
5. Retirar do fogo e salpicar a salsinha.
6. Servir a carne de sol com o açaí batido e a farinha d'água.

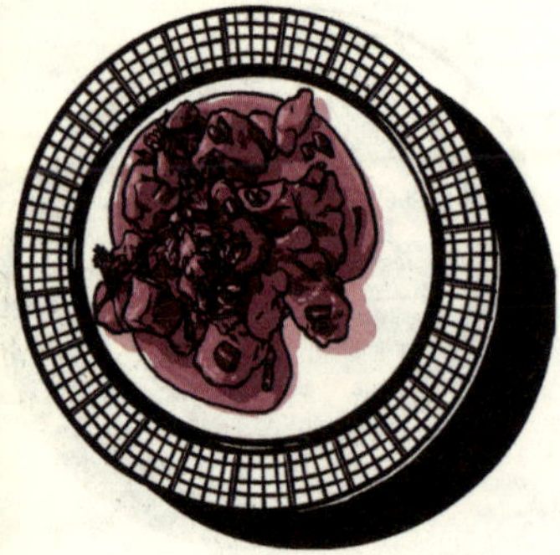

# CARNE DE SOL COM GENGIBIRRA[22]

• 6 porções •

## Ingredientes

1 kg de carne de sol dessalgada (de molho por 12 horas em água trocada ao menos 4 vezes), cortada em cubos pequenos
250 ml de gengibirra[23]
200 g de creme de leite
50 ml de mostarda
2 dentes de alho cortados em pedacinhos
Sal a gosto
Suco de ½ limão
8 colheres (sopa) de azeite de oliva
3 pimentas-de-cheiro cortadas em pedacinhos
½ xícara (chá) de cebolinha picada
½ xícara (chá) de salsinha picada

## Preparo

1. Deixar a carne de sol na marinada de gengibirra por 30 minutos. Escorrer e reservar a gengibirra.
2. Numa vasilha, misturar o creme de leite, a mostarda, o alho, o sal e o suco de limão e mexer até obter um creme homogêneo. Reservar.
3. Numa panela, aquecer o azeite e fritar a carne de sol até que fique bem dourada.
4. Acrescentar a pimenta-de-cheiro e a gengibirra da marinada e mexer.
5. Incorporar o creme reservado e misturar.
6. Deixar cozinhar por mais 3 minutos, salpicar a cebolinha e a salsinha e retirar do fogo.

## Sugestão

Servir com arroz branco.

22. Adaptação da receita original de Jorge Breno. Cf. RECEITA de hoje é de carne de sol com bebida à base de gengibre. [20--]. 1 vídeo (4 min). Disponível em: http://g1.globo.com/ro/rondonia/videos/t/rondonia-tv/v/receita-de-hoje-e-de-carne-de-sol-com-bebida-a-base-de-gengibre/8401110/. Acesso em: 11 set. 2020.
23. Ver receita no capítulo 'Bebidas'.

# CREME DE CAMARÃO COM CASTANHA-DO-PARÁ

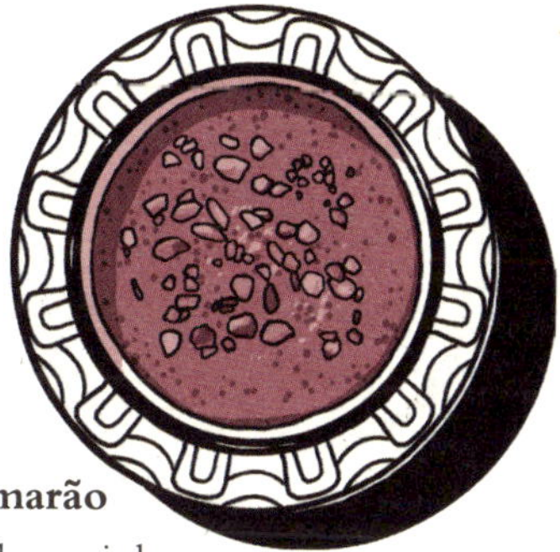

• 4 porções •

## Ingredientes

### Para o caldo de camarão

100 g de camarão seco sem casca, dessalgado em água fria por 1 hora e escorrido
1 l de água

### Para o creme de camarão com castanha-do-pará

2 tomates sem pele nem sementes, cortados em pedacinhos
1 cebola cortada em pedacinhos
1 pimentão verde cortado em rodelas
½ xícara (chá) de água
2 colheres (sopa) de azeite
1 dente de alho amassado
1 ½ kg de camarões pequenos, limpos e sem casca
1 l do caldo de camarão
1 maço de cebolinha amarrado
1 maço de salsinha amarrado
1 ½ l de leite
½ xícara (chá) de farinha de tapioca
½ xícara (chá) de castanhas-do-pará trituradas

## Preparo

### Caldo de camarão

1. Numa panela, cozinhar o camarão seco com a água por 20 minutos, contados depois que levantar fervura.
2. Bater no liquidificador e reservar.

### Creme de camarão com castanha-do-pará

1. Bater no liquidificador o tomate, a cebola, o pimentão e a água. Reservar.
2. Numa panela, aquecer o azeite e dourar o alho.
3. Juntar os camarões e o conteúdo do liquidificador e refogar ligeiramente.
4. Acrescentar o caldo de camarão, a cebolinha e a salsinha e cozinhar em fogo médio por 5 minutos, ou até que os camarões fiquem corados.
5. Retirar a cebolinha e a salsinha, juntar o leite e deixar levantar fervura.
6. Adicionar a farinha de tapioca aos poucos, mexendo sempre com uma colher de pau para não empelotar. Manter no fogo até engrossar.
7. Retirar do fogo e salpicar a castanha-do-pará.

# FILÉ DE PIRARUCU AO MOLHO DE CAMARÃO

• 4 porções •

INGREDIENTES

**Para o caldo de camarão**

100 g de camarão seco sem casca, dessalgado em água fria por 1 hora e escorrido
½ l de água

**Para o peixe**

1 kg de filé de pirarucu fresco cortado em tiras
Suco de 1 limão
Sal a gosto
Óleo para fritar, o suficiente

**Para o molho de camarão**

2 colheres (sopa) de azeite de oliva
1 cebola cortada em pedacinhos
2 dentes de alho amassados
1 tomate sem pele nem sementes, cortado em pedacinhos
½ xícara (chá) de chicória-do-pará picada
½ xícara (chá) de cebolinha picada
1 colher (sobremesa) de açafrão-da-terra
O caldo de camarão
500 g de camarões limpos e sem casca
1 colher (sopa) de maisena dissolvida em ½ xícara (chá) de leite
½ xícara (chá) de salsinha picada

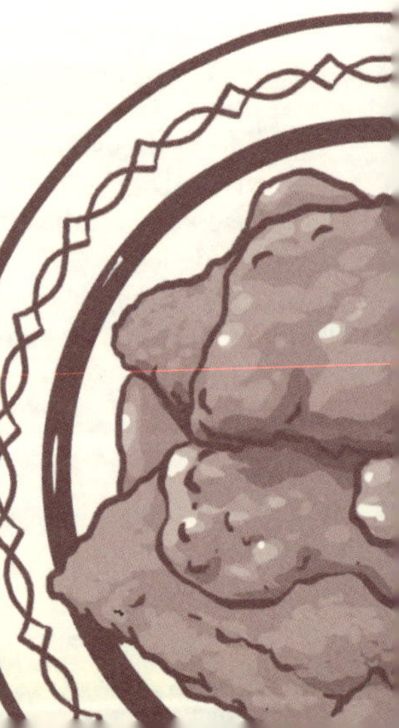

### Preparo

#### Caldo de camarão

1. Numa panela, cozinhar o camarão seco com a água por 20 minutos, contados depois que levantar fervura.
2. Bater no liquidificador e reservar.

#### Peixe

1. Temperar o peixe com o suco de limão e o sal e deixar por 30 minutos. Escorrer.
2. Numa panela, aquecer o óleo e fritar as tiras de peixe.
3. Ao retirar da panela, colocar o peixe sobre uma folha de papel absorvente para retirar o excesso de óleo.

#### Molho de camarão

1. Numa panela, aquecer o azeite e refogar a cebola e depois o alho.
2. Acrescentar o tomate, a chicória-do-pará, a cebolinha, o açafrão-da-terra e o caldo de camarão seco e cozinhar por 10 minutos.
3. Juntar o camarão e cozinhar por 5 minutos.
4. Adicionar a maisena com o leite e manter em fogo baixo, mexendo sempre com uma colher de pau, até que o caldo tenha engrossado.
5. Salpicar a salsinha e retirar do fogo.

### Montagem

Num prato de servir, colocar o peixe e cobrir com o molho de camarão.

### Sugestão

Servir com arroz branco.

# FILHOTE COM PITU AO LEITE DE CASTANHA-DO-PARÁ

• 6 porções •

## Ingredientes

5 colheres (sopa) de azeite de oliva
2 cebolas cortadas em pedacinhos
4 dentes de alho amassados
2 tomates sem pele nem sementes, cortados em pedacinhos
1 xícara (chá) de cebolinha picada
1 xícara (chá) de chicória-do-pará picada
4 pimentas-de-cheiro picadas em pedacinhos
1 ½ kg de filhote em postas lavadas em suco de limão
1 kg de pitus limpos e sem casca
750 ml de leite de castanha-do-pará
Sal a gosto
Pimenta-do-reino moída a gosto
1 xícara (chá) de salsinha picada

## Preparo

1. Numa panela, aquecer o azeite e refogar a cebola e depois o alho.
2. Acrescentar o tomate, a cebolinha, a chicória-do-pará e a pimenta-de-cheiro e cozinhar por 5 minutos.
3. Juntar o peixe, o pitu, o leite de castanha-do-pará, o sal e a pimenta-do-reino e cozinhar em fogo médio por aproximadamente 15 minutos, ou até que o peixe e o pitu estejam cozidos.
4. Salpicar a salsinha e retirar do fogo.

## Sugestão

Servir com arroz branco, farinha d'água e o molho de pimenta da preferência.

# FILHOTE COM TUCUPI E TAPIOCA

• 4 porções •

## Ingredientes

### Para a farinha de toucinho defumado

250 g de toucinho defumado (*bacon*) cortado em cubinhos

### Para o tucupi aromatizado

2 l de tucupi
2 dentes de alho amassados
2 pimentas-de-cheiro cortadas em pedacinhos
½ xícara (chá) de coentro picado
½ xícara (chá) de jambu picado
½ xícara (chá) de chicória-do-pará picada
½ xícara (chá) de alfavaca picada
2 colheres (sopa) da farinha de toucinho defumado
1 colher (sobremesa) de pimenta--do-reino em grão

### Para a tapioca

1 ½ l de água
200 g de tapioca em bolinhas
Suco de 1 limão

### Para o peixe

500 g de filhote cortado em cubos
Sal a gosto
Pimenta-do-reino moída a gosto
100 g de farinha de mandioca crua
100 g da farinha de toucinho defumado
Óleo para fritar, o suficiente

## Preparo

### Farinha de toucinho defumado

1. Numa panela, levar o toucinho defumado ao fogo e deixar que frite na própria gordura que ele for soltando.
2. Quando o toucinho estiver bem frito, já crocante, retirar do fogo, escorrer e deixar por 15 minutos sobre papel absorvente, para retirar o excesso de gordura. Colocar o papel absorvente também por cima do toucinho frito e apertar com as mãos, a fim de retirar o máximo possível de óleo.

3. Bater o toucinho no liquidificador de modo a obter uma farinha. Prensar no papel absorvente para retirar ainda mais óleo. Reservar.

### Tucupi aromatizado

1. Numa panela, cozinhar todos os ingredientes em fogo baixo por 40 minutos.
2. Coar e deixar esfriar. Desprezar a parte sólida e reservar a líquida.

### Tapioca

1. Numa panela, ferver a água e cozinhar as bolinhas de tapioca até que elas fiquem com um ponto branco no seu interior.
2. Escorrer e despejar em água gelada.
3. Coar, adicionar o suco de limão e mexer delicadamente.

### Peixe

1. Temperar o peixe com sal e pimenta-do-reino e deixar por 1 hora.
2. Misturar a farinha de mandioca com a farinha de toucinho defumado e nessa mistura envolver os cubos de peixe.
3. Numa panela, aquecer bem o óleo e fritar os cubos de peixe.
4. Ao retirar da panela, colocar sobre papel absorvente para remover o excesso de óleo.
5. Num prato de vidro refratário, levar o peixe frito ao forno preaquecido a 180 °C por 5 minutos.

## Montagem

1. Juntar o tucupi aromatizado à tapioca.
2. Num prato de servir, dispor a tapioca com tucupi ao lado do peixe.

# GURIJUBA COZIDA

• 4 porções •

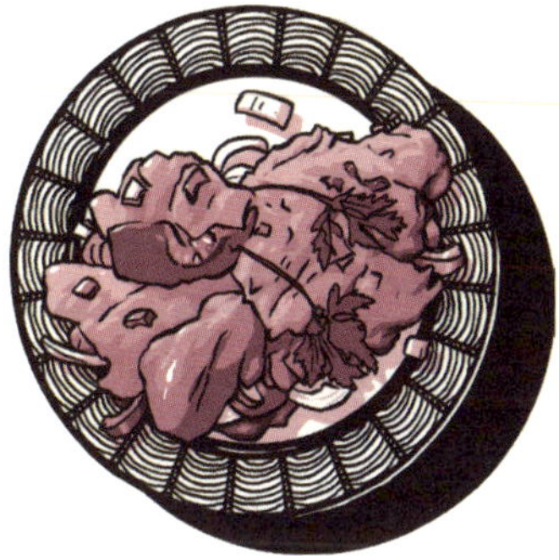

## Ingredientes

1 kg de gurijuba em postas
Suco de 1 limão
Sal a gosto
3 dentes de alho cortados em pedacinhos
6 colheres (sopa) de azeite de oliva
2 cebolas cortadas em rodelas
2 tomates sem pele nem sementes, cortados em rodelas
1 pimentão verde cortado em rodelas
2 pimentas-de-cheiro cortadas em pedacinhos
2 folhas de louro
1 colher (sobremesa) de açafrão--da-terra
½ xícara (chá) de coentro picado
½ xícara (chá) de cebolinha picada
½ xícara (chá) de salsinha picada

## Preparo

1. Temperar a gurijuba com o suco de limão, o sal e metade do alho e deixar por 1 hora.
2. Numa panela grande (preferencialmente de barro), aquecer o azeite e dourar metade da cebola e depois a outra metade do alho.
3. Fazer uma camada com o peixe e cobrir com uma camada de cebola e, sucessivamente, com camadas de tomate e de pimentão. Se for o caso, repetir o procedimento fazendo novas camadas na mesma ordem.
4. Quando começar a ferver, acrescentar a pimenta-de-cheiro, o louro, o açafrão-da-terra, o coentro e a cebolinha.
5. Depois de aproximadamente 20 minutos, ou quando o peixe estiver cozido, salpicar a salsinha e retirar do fogo.

## Sugestão

Servir com arroz branco, farinha d'água e o molho de pimenta da preferência.

# GURIJUBA FRITA

• 4 porções •

### Ingredientes

1 kg de gurijuba em postas ou filés
Sal a gosto
Suco de 1 limão
4 dentes de alho amassados
Farinha de trigo para empanar, o suficiente
Óleo para fritar, o suficiente

### Preparo

1. Temperar o peixe com o sal, o suco de limão e o alho e deixar por 1 hora.
2. Passar as postas na farinha de trigo, cobrindo toda a superfície.
3. Numa panela, aquecer bem o óleo e fritar o peixe.
4. Ao retirar da panela, colocar as postas sobre papel absorvente, para retirar um pouco do óleo.

### Sugestão

Servir com farinha d'água e polpa de açaí batida no liquidificador.

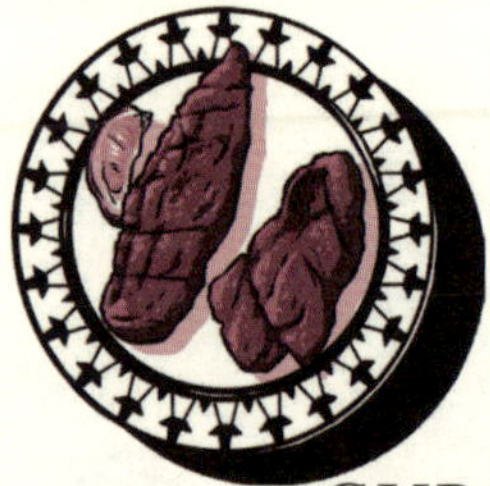

# GURIJUBA NA BRASA

• 4 porções •

### Ingredientes

1 kg de gurijuba em filés
8 colheres (sopa) de azeite de oliva
4 dentes de alho amassados
Suco de 3 limões
1 colher (sopa) de colorau
Sal a gosto
Pimenta-do-reino moída a gosto

### Preparo

1. Numa vasilha, colocar a gurijuba numa marinada com todos os ingredientes e deixar por 2 horas.
2. Escorrer e levar o peixe para assar na brasa. Reservar o molho da marinada.
3. Regar o peixe com o molho da marinada de tempos em tempos até que esteja assado.

### Sugestão

Servir o peixe regado com tucupi e acompanhado de farinha d'água e do molho de pimenta da preferência.

# HAMBÚRGUER AMAPAENSE
## (DE COSTELA BOVINA)

• 1 porção •

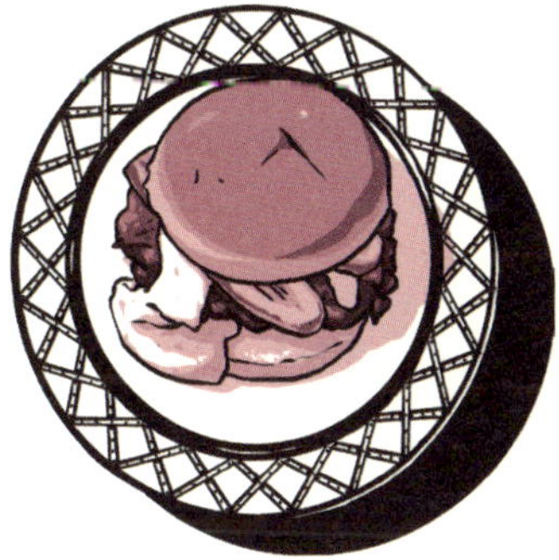

## INGREDIENTES

### Para o hambúrguer

150 g de carne de costela bovina moída
1 colher (sobremesa) de água
2 colheres (chá) de azeite de oliva
Sal a gosto
Pimenta-do-reino moída a gosto

### Para a banana e o queijo

Óleo para fritar, o suficiente
½ banana-da-terra cortada ao meio no sentido longitudinal
50 g de queijo coalho em fatias

### Para o molho

100 g de maionese
1 colher (chá) de vinagre de vinho branco
1 colher (sopa) de mostarda
1 colher (sopa) de melaço de cana

### Para a montagem

1 pão de hambúrguer cortado ao meio

## PREPARO

### Hambúrguer

1. Numa tigela, misturar com as mãos a carne, a água e metade do azeite e, a seguir, modelar o hambúrguer.
2. Passar a outra metade do azeite e salpicar o sal e a pimenta-do-reino nas duas superfícies do hambúrguer.
3. Levar ao fogo alto uma frigideira antiaderente e, quando ela estiver bem quente, grelhar o hambúrguer por 1 minuto de cada lado.

### Banana e queijo

1. Na mesma frigideira do hambúrguer, aquecer o óleo e fritar a banana.
2. Retirar a banana e fritar ligeiramente o queijo, apenas para que fique dourado e amolecido.

**Molho**

1. Numa vasilha, misturar a maionese com o vinagre.
2. Acrescentar a mostarda e o melaço de cana e mexer até obter um creme homogêneo.

**Montagem**

1. Sobre a metade inferior do pão, colocar as fatias de banana, depois o hambúrguer e, por cima, o queijo.
2. Cobrir com o molho e fechar com a parte superior do pão.

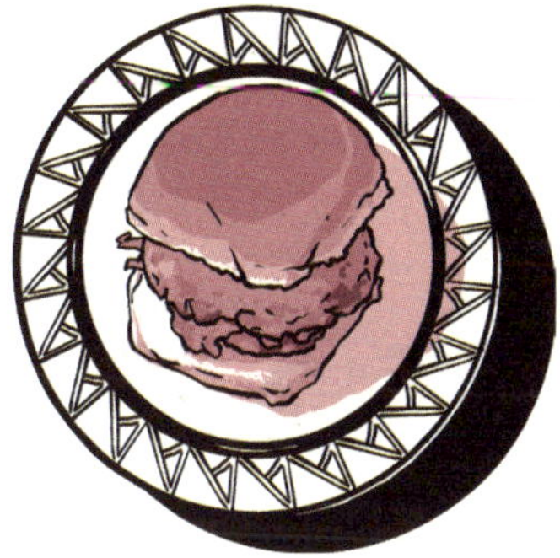

# HAMBÚRGUER DE GURIJUBA

• 8 porções •

## INGREDIENTES

400 g de gurijuba em filés cortados em pedaços pequenos
½ cebola cortada em pedaços
Raspas da casca de 1 limão
1 colher (chá) de açafrão-da-terra
½ colher (chá) de coentro em pó
Sal a gosto
1 ovo
½ xícara (chá) de cebolinha picada
4 colheres (sopa) de farinha de rosca
Azeite de oliva, o suficiente
8 pães de hambúrguer cortados ao meio

## PREPARO

1. No processador, bater o peixe junto com a cebola, as raspas de casca de limão, o açafrão-da-terra, o coentro e o sal até obter uma massa homogênea.
2. Juntar o ovo e bater apenas para misturar.
3. Transferir a massa para uma tigela, acrescentar a cebolinha picada e a farinha de rosca e misturar com as mãos até obter o ponto de modelar; a massa deve soltar-se tigela, mas permanecer úmida.
4. Molhar as mãos com água, retirar parte da massa e enrolar, formando bolas de aproximadamente 6 cm de diâmetro. Achatar as bolas para dar a forma de hambúrguer.
5. Levar ao fogo médio uma frigideira antiaderente e, quando ela estiver aquecida, colocar 1 colher (chá) de azeite e grelhar a quantidade de hambúrgueres que couber. Abaixar o fogo e deixar por 3 minutos. Virar os hambúrgueres e deixar por mais 3 minutos do outro lado. Virar novamente e deixar por mais 1 minuto, repetindo o procedimento em seguida para o outro lado.
6. Para grelhar os outros hambúrgueres, acrescentar mais azeite na frigideira e repetir o procedimento.
7. Colocar os hambúrgueres nos pães e servir.

## SUGESTÃO

Servir com um molho feito com a mistura de maionese, suco de limão e pimenta-do-reino.

# MANIÇOBA[24]

• 15 porções •

## INGREDIENTES

3 kg de folhas de mandioca (maniva) sem o talo
Água, o suficiente
1 kg de toucinho branco, não defumado
1 kg de toucinho defumado
1 kg de pé de porco salgado
1 kg de orelha de porco salgada
1 kg de língua de porco salgada
1 kg de rabo de porco salgado
1 kg de lombo de porco salgado
1 kg de costela de porco salgada
2 kg de charque
750 g de paio
750 g de chouriço
750 g de linguiça de porco
2 kg de bucho bovino (dobradinha)
Suco de limão, o suficiente

## PREPARO

1. Passar as folhas de mandioca em um moedor de carne, para que fiquem bem moídas.
2. Numa panela grande, cozinhar em água abundante, em fogo médio, por 72 horas. Repor sempre a água, de modo a não deixar secar em nenhum momento, e mexer a cada 12 horas, para evitar que as folhas grudem na panela. Durante a noite, manter em fogo bem baixo.
3. No quarto dia, dessalgar as carnes salgadas e o charque, separadamente, deixando-os de molho por 12 horas em água trocada ao menos 4 vezes. Não é necessário fazer o mesmo com o paio, o chouriço, a linguiça e o bucho de boi.
4. No quinto dia, cortar o bucho bovino em pedaços de tamanho médio, lavá-los em água com suco de limão e escaldá-los em água fervente, a fim de retirar-lhes o cheiro.
5. Cortar as carnes salgadas também em pedaços de tamanho médio, lavar e levar ao fogo em água até levantar fervura.
6. Juntar as carnes salgadas e o bucho à panela das folhas de mandioca e cozinhar por mais 48 horas.
7. No sexto dia, cortar em rodelas o paio, o chouriço e a linguiça e juntar à panela e deixar por mais 24 horas, quando a maniçoba estará pronta.

24. Receita em comum com a tradição paraense. Por se tratar de um preparo muito trabalhoso e demorado, muitos compram pronta a parte das folhas de maniva, de profissionais de sua confiança, deixando para finalizar o prato em casa com o acréscimo das carnes.

# MOJICA DE CAMARÃO

• 4 porções •

## INGREDIENTES

500 g de camarão salgado, sem casca nem cabeça
Água, o suficiente
½ xícara (chá) de folhas de alfavaca
½ xícara (chá) de folhas de chicória-do-pará
1 pimenta-de-cheiro picada em pedacinhos
3 dentes de alho cortados em pedacinhos
200 g de farinha de mandioca
Sal, se necessário
4 colheres (sopa) de azeite de oliva

## PREPARO

1. Deixar o camarão em água por 3 horas. Trocar a água ao menos 3 vezes. Escorrer, picar os camarões e reservar.
2. Numa panela, misturar a alfavaca com a chicória-do-pará, a pimenta-de-cheiro, o alho e 1 l de água e levar ao fogo baixo. Cozinhar até reduzir à metade do volume.
3. Juntar o camarão e cozinhar por 5 minutos.
4. Acrescentar a farinha de mandioca aos poucos, mexendo sempre com uma colher de pau.
5. Provar o sal e corrigir, se necessário.
6. Adicionar o azeite, mexer e retirar do fogo.

## SUGESTÃO

Servir em cuias ou cumbucas, com o molho de pimenta da preferência.

# PATO NO TUCUPI[25]

• 8 porções •

## Ingredientes

### Para a marinada

Suco de 5 limões
3 dentes de alho esmagados
1 pimenta-de-cheiro socada
500 ml de vinho branco seco
500 ml de água
Sal a gosto

### Para o pato

2 patos de aproximadamente 1 kg cada, limpos
6 l de tucupi
20 pimentas-de-cheiro socadas
3 dentes de alho amassados
1 xícara (chá) de folhas de alfavaca picadas
1 xícara (chá) de chicória-do-pará picada
Sal a gosto
6 xícaras (chá) de folhas de jambu, escaldadas em água com sal e escorridas

## Preparo

1. Lavar os patos em água corrente e, numa vasilha, deixá-los por 12 horas na geladeira na marinada feita com todos os ingredientes indicados.
2. Assar os patos em forno preaquecido a 180 °C por 1 ½ hora.
3. Depois de assados, cortar os patos em 4 pedaços cada um. Reservar.
4. Numa panela grande, levar o tucupi ao fogo com metade das pimentas-de-cheiro socadas, metade do alho, a alfavaca, a chicória-do-pará e o sal e deixar levantar fervura.
5. Acrescentar os pedaços de pato e cozinhar até que fiquem macios.
6. Retirar os pedaços de pato e desossá-los. Reservar.
7. Juntar o restante das pimentas-de-cheiro e do alho à panela do tucupi e levar ao fogo novamente, apenas até levantar fervura. Reservar.
8. Num prato de servir grande (tipo sopeira), colocar os pedaços de pato, cobri-los com o jambu e despejar o tucupi.

## Sugestão

Servir com arroz branco, farinha d'água e o molho de pimenta da preferência.

25. Receita em comum com a tradição paraense.

# PEIXE COM PUPUNHA

• 4 porções •

## Ingredientes

### Para o peixe

500 g de filé de filhote ou de outro peixe da preferência
Suco de 2 limões
Sal a gosto
Pimenta-do-reino moída a gosto
4 dentes de alho amassados
Farinha de trigo, o suficiente
Azeite de oliva, o suficiente

### Para o molho

400 g de pupunha
Água, o suficiente
2 colheres (sopa) de azeite de oliva
½ cebola cortada em pedacinhos
½ xícara (chá) de chicória-do-pará picada
½ xícara (chá) de cebolinha picada
1 colher (sobremesa) de açafrão-da-terra
1 colher (sopa) de manteiga
2 colheres (sopa) de requeijão cremoso
1 colher (sopa) de farinha de trigo dissolvida em ½ xícara (chá) de leite
200 g de creme de leite fresco
100 g de queijo parmesão ralado
½ xícara (chá) de salsinha picada

## Preparo

### Peixe

1. Temperar os filés com o suco de limão, o sal, a pimenta-do-reino e o alho e deixar por 15 minutos.
2. Passar os filés pela farinha de trigo.
3. Numa frigideira, aquecer o azeite e dourar os filés. Ao retirá-los da frigideira, colocá-los sobre papel absorvente para retirar o excesso de óleo.

### Molho

1. Cozinhar a pupunha em água até que fique macia.
2. Descascar a pupunha e passá-la por um processador até obter um creme.
3. Numa panela, misturar o creme obtido com o azeite, a cebola, a chicória-do-pará, a cebolinha e o açafrão-da-terra e levar ao fogo por 10 minutos, mexendo sempre.

4. Juntar a manteiga, o requeijão e a farinha de trigo e deixar cozinhar, mexendo sempre com uma colher de pau, até engrossar.
5. Acrescentar o creme de leite e misturar.
6. Retirar do fogo e salpicar o queijo parmesão e a salsinha.

### Montagem

Num prato de servir, colocar o peixe e cobrir com o molho.

# PEIXE FRITO AO MOLHO DE CUPUAÇU E CASTANHA-DO-PARÁ[26]

• 4 porções •

## Ingredientes

### Para o peixe

1 kg de pescada amarela, limpa e cortada em postas
Sal a gosto
Suco de 1 limão
4 dentes de alho amassados
Farinha de trigo para empanar, o suficiente
4 colheres (sopa) de azeite de oliva

### Para o molho de cupuaçu

100 g de doce de cupuaçu[27]
300 g de maionese
100 ml de vinagre de vinho branco
Sal a gosto

### Para a montagem

1 xícara (chá) de castanhas-do-pará trituradas e torradas
½ xícara (chá) de salsinha picada
2 raminhos de alecrim

## Preparo

### Peixe

1. Temperar o peixe com o sal, o suco de limão e o alho e deixar por 1 hora.
2. Passar as postas na farinha de trigo, cobrindo toda a superfície.
3. Numa panela, aquecer bem o azeite e fritar o peixe.
4. Ao retirar da panela, colocar as postas sobre papel absorvente, para retirar um pouco do óleo.

### Molho de cupuaçu

Bater todos os ingredientes no liquidificador.

## Montagem

1. Num prato de servir, fazer uma cama com as castanhas-do-pará.
2. Colocar o peixe e regar com o molho.
3. Salpicar na superfície a salsinha e o alecrim

### Sugestão

Servir com arroz branco.

---

26. Adaptação da receita original do *chef* Jucicley Gomes. Cf. ANDRADE, Cléia; CUNHA, Adevaldo. Peixe frito ao molho de cupuaçu e castanha traz sabor regional ao prato; aprenda. *G1*, 10 nov. 2018. Disponível em: https://g1.globo.com/ap/amapa/noticia/2018/11/10/peixe-frito-ao-molho-de-cupuacu-e-castanha-traz-sabor-regional-ao-prato-aprenda.ghtml. Acesso em: 25 ago. 2020.
27. Ver receita no capítulo "Doces e sobremesas".

# PEIXE NA TELHA

• 4 porções •

## Ingredientes

2 kg de dourado em postas (se preferir, usar filhote, pirapitinga, tambaqui ou outro peixe da preferência)
Suco de 2 limões
Sal a gosto
Pimenta-do-reino moída a gosto
4 colheres (sopa) de azeite de oliva
4 dentes de alho cortados em pedacinhos
1 pimentão verde cortado em rodelas
1 pimentão vermelho cortado em rodelas
1 colher (sopa) de açafrão-da-terra
4 tomates sem pele nem sementes, cortados em rodelas
2 cebolas cortadas em rodelas finas
1 pimenta dedo-de-moça cortada em pedacinhos
½ xícara (chá) de cebolinha picada
200 ml de leite de coco
1 xícara (chá) de salsinha picada

## Preparo

1. Temperar o peixe com o suco de limão, o sal e a pimenta-do-reino e deixar por 30 minutos.
2. Numa panela, aquecer o azeite e dourar o alho.
3. Acrescentar os pimentões e o açafrão-da-terra e refogar.
4. Colocar o refogado numa telha própria para uso culinário e cobrir com o tomate, a cebola, a pimenta dedo-de-moça e a cebolinha.
5. Dispor as postas de peixe por cima, regar com leite de coco e salpicar a salsinha.
6. Cobrir com papel-alumínio e levar ao forno preaquecido a 200 °C por aproximadamente 40 minutos, ou até que o peixe esteja assado.

## Sugestão

Servir com arroz branco.

# PIRARUCU DESFIADO COM BATATAS

• 6 porções •

## Ingredientes

1 kg de pirarucu salgado
Água, o suficiente
4 colheres (sopa) de azeite de oliva
1 cebola cortada em pedacinhos
1 dente de alho cortado em pedacinhos
1 tomate sem pele nem sementes, cortado em pedacinhos
1 pimentão verde cortado em pedacinhos
2 pimentas-de-cheiro cortadas em pedacinhos
1 pimenta-malagueta cortada em pedacinhos
Pimenta-do-reino moída a gosto
Sal a gosto
½ xícara (chá) de coentro picado
½ xícara (chá) de cebolinha picada
4 ovos batidos
200 g de batata-palha (já frita)
½ xícara (chá) de salsinha picada
50 g de azeitonas pretas pequenas

## Preparo

1. Numa vasilha, deixar o pirarucu de molho em água por 12 horas, trocando a água ao menos 4 vezes. Escorrer e desfiar, eliminando as espinhas.
2. Numa frigideira grande, aquecer o azeite e fritar o pirarucu. Reservar.
3. Em outra panela, misturar a cebola, o alho, o tomate, o pimentão, a pimenta-de-cheiro, a pimenta-malagueta, a pimenta-do-reino e o sal, tampar e cozinhar por 15 minutos.
4. Juntar o pirarucu, o coentro, a cebolinha, os ovos e metade da batata-palha, mexer bem e manter no fogo por mais 5 minutos, adicionando um fio de azeite de oliva para não secar.
5. Transferir para o centro de um prato de servir e, ao redor, colocar a outra metade da batata palha.
6. Salpicar a salsinha e dispor a azeitona na superfície.

# PIRARUCU FRESCO COM AÇAÍ E FARINHA DE TAPIOCA

• 2 porções •

## Ingredientes

4 filés de pirarucu fresco, de aproximadamente 100 g cada
Sal a gosto
Pimenta-do-reino moída a gosto
Suco de 1 limão
Farinha de trigo, o suficiente
Óleo para fritar, o suficiente
2 limões cortados em quartos
2 xícaras (chá) de polpa de açaí batida
1 xícara (chá) de farinha de tapioca

## Preparo

1. Temperar o pirarucu com o sal, o suco de limão e a pimenta-do-reino e deixar por 15 minutos.
2. Envolver os filés em farinha de trigo.
3. Numa frigideira, aquecer bem uma quantidade de óleo suficiente para cobrir os filés e levá-los a fritar, dos dois lados, até que estejam corados. Ao retirar do fogo, colocar por uns instantes sobre papel absorvente, a fim de retirar o excesso de óleo.
4. Servir os filés diretamente nos pratos de comer com os quartos de limão; dividir o açaí em cumbucas e salpicar a farinha de tapioca sobre a superfície.

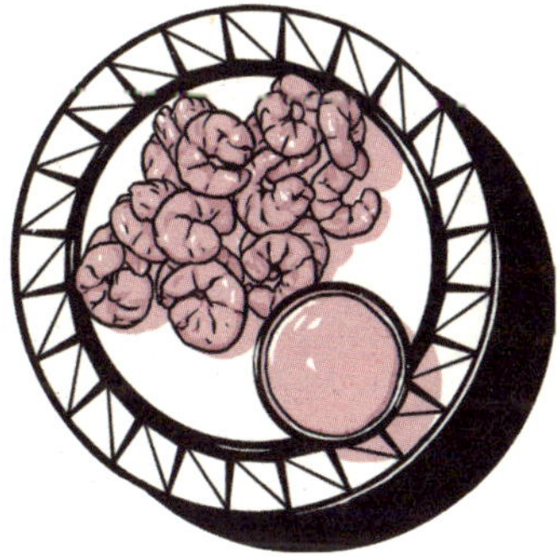

# PITU AO BAFO

• 4 porções •

## INGREDIENTES

### Para o pitu

1 kg de pitus com casca e cabeça
Sal a gosto
1 tomate sem pele nem sementes, cortado em pedacinhos
2 dentes de alho cortados em pedacinhos
1 cebola cortada em pedacinhos
1 pimenta dedo-de-moça, sem sementes, cortada em pedacinhos
1 dose de cachaça branca

### Para o molho *rosé*

2 colheres (sopa) de *ketchup*
1 colher (sopa) de mostarda
Suco de ½ limão
2 colheres (sopa) de molho inglês
200 g de maionese

## PREPARO

### Pitu

1. Temperar o pitu com o sal e deixar por 15 minutos.
2. Numa panela, misturar o tomate, o alho, a cebola e a pimenta dedo-de-moça.
3. Colocar por cima o pitu e a cachaça e levar ao fogo, mexendo de vez em quando, por aproximadamente 10 minutos, ou até que o pitu esteja vermelho.

### Molho *rosé*

Numa vasilha, misturar todos os ingredientes e bater até obter um creme liso e homogêneo.

### SUGESTÃO

Ao se servir, retirar a casca dos pitus com as mãos, passá-los pelo molho *rosé* e adicionar molho de pimenta-de-cheiro.

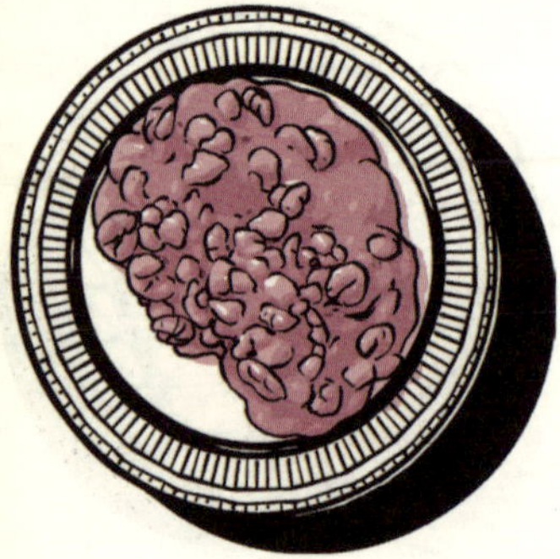

# PITU AO LEITE DE COCO

• 4 porções •

## Ingredientes

200 ml de leite de coco
2 cebolas cortadas em pedacinhos
4 tomates sem pele nem sementes, cortados em pedacinhos
1 kg de pitus limpos e sem casca
½ pimentão vermelho cortado em pedacinhos
2 colheres (sopa) de azeite de oliva
1 xícara (chá) de coentro picado
Sal a gosto

## Preparo

1. No liquidificador, bater o leite de coco com a cebola e o tomate até obter um molho homogêneo.
2. Numa panela, juntar esse molho com o pitu, o pimentão, o azeite, o coentro e o sal e levar ao fogo médio por aproximadamente 20 minutos, ou até que o pitu esteja cozido.

## Sugestão

Servir com arroz branco, farinha d'água e o molho de pimenta da preferência.

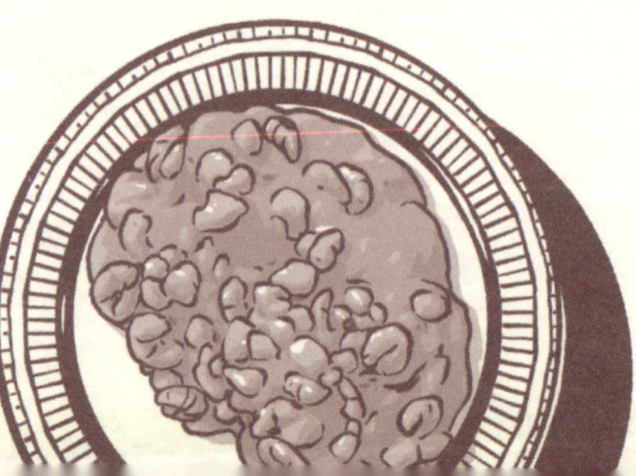

# SOPA DE CARANGUEJO

• 8 porções •

## Ingredientes

6 colheres (sopa) de azeite de oliva
2 cebolas cortadas em pedacinhos
4 dentes de alho amassados
500 g de carne de caranguejo
1 pitada de cominho
Pimenta-do-reino moída a gosto
6 tomates sem pele nem sementes, cortados em pedacinhos
5 batatas cozidas e passadas no espremedor
6 ovos cozidos e picados
2 l de água fervente
Sal a gosto
4 colheres (sopa) de azeite de dendê
500 ml de leite de coco
½ xícara (chá) de azeitonas verdes sem caroço e picadas
½ xícara (chá) de coentro picado
½ xícara (chá) de cebolinha picada
½ xícara (chá) de salsinha picada

## Preparo

1. Numa panela grande, aquecer o azeite de oliva e dourar a cebola e depois o alho.
2. Juntar a carne de caranguejo, o cominho, a pimenta-do-reino e o tomate e cozinhar por 15 minutos.
3. Acrescentar a batata espremida e os ovos.
4. Despejar a água fervente e deixar no fogo por mais 20 minutos.
5. Adicionar o sal, o azeite de dendê, o leite de coco e a azeitona e misturar.
6. Logo em seguida, salpicar o coentro, a cebolinha e a salsinha e retirar do fogo.

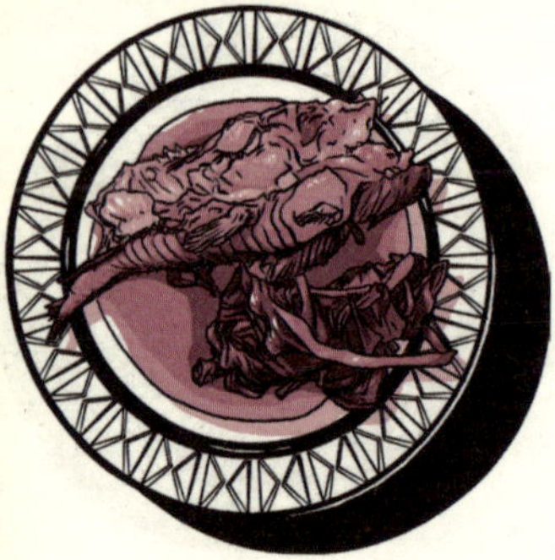

# TAMUATÁ AO CHIBÉ[28] DE TUCUPI

• 2 porções •

## Ingredientes

### Para o tamuatá

2 tamuatás limpos e abertos
Água, o suficiente
Suco de 2 limões
1 cebola cortada em pedacinhos
2 dentes de alho picados em pedacinhos
1 tomate sem pele nem sementes, cortado em pedacinhos
2 folhas de chicória-do-pará picadas
1 pimenta-de-cheiro cortada em pedacinhos
½ xícara (chá) de cebolinha picada
½ xícara (chá) de salsinha picada
Sal a gosto
Pimenta-do-reino moída a gosto

### Para o chibé de tucupi

400 ml de tucupi
60 g de farinha de mandioca crua

### Para a montagem

150 g de folhas de jambu cozidas em água e escorridas

## Preparo

### Tamuatá

1. Lavar os tamuatás em água abundante e depois no suco de limão.
2. Numa vasilha, misturar os outros ingredientes.
3. Rechear os peixes com a mistura e fechá-los.
4. Num prato refratário, levar ao forno por 30 minutos, ou até que o peixe esteja assado.

### Chibé de tucupi

1. Numa panela, aquecer o tucupi.
2. Juntar a farinha de mandioca aos poucos, mexendo sempre para não empelotar, até obter a consistência de um mingau mole.
3. Retirar do fogo e coar numa peneira.

## Montagem

1. Retirar a casca e as espinhas dos tamuatás.
2. Cobri-los com o chibé.
3. Distribuir o jambu por cima.

28. Chibé é o nome que se dá na Amazônia à mistura de farinha de mandioca com água. A consistência pode variar do líquido, bebido em cuias, ao consistente, usado como acompanhamento para peixes e carnes. Cf. ORICO, Osvaldo. *Culinária amazônica*. Belém: Universidade Federal do Pará, 1972. p. 106.

# TORTA DE ARROZ COM FRANGO[29]

• 6 porções •

## Ingredientes

### Para a massa

6 ovos batidos
Suco de 1 limão
250 ml de óleo de milho
600 ml de leite
6 xícaras (chá) de arroz branco cozido
50 g de queijo parmesão ralado
1 colher (sobremesa) de fermento em pó

### Para o recheio

4 colheres (sopa) de azeite de oliva
1 dente de alho amassado
1 kg de peito de frango cozido e desfiado
Sal a gosto
Pimenta-do-reino moída a gosto
1 pitada de cominho
½ cebola cortada em pedacinhos
1 pimenta-de-cheiro cortada em pedacinhos
½ xícara (chá) de cebolinha picada
½ xícara (chá) de chicória-do-pará picada
½ xícara (chá) de azeitonas verdes sem caroço e picadas
½ xícara (chá) de milho em conserva
½ xícara (chá) de ervilhas em conserva
2 colheres (sopa) de extrato de tomate
2 colheres (sopa) de *ketchup*
200 g de creme de leite
½ xícara (chá) de salsinha picada

## Preparo

### Massa

1. No liquidificador, bater metade de cada ingrediente (menos o fermento) até obter uma massa homogênea.
2. Juntar a outra metade dos ingredientes e bater mais.
3. Retirar do liquidificador, colocar numa vasilha e misturar o fermento sem bater.

29. Receita popular, preparada pelas famílias para as ocasiões festivas, especialmente o dia do Círio de Nazaré, a maior festa religiosa do Amapá, realizada no mês de outubro.

**Recheio**

1. Numa panela, aquecer metade do azeite e dourar alho.
2. Juntar o frango, o sal, a pimenta--do-reino e o cominho e refogar. Reservar.
3. Em outra panela, aquecer a outra metade do azeite e dourar a cebola.
4. Acrescentar a pimenta-de-cheiro, a cebolinha, a chicória-do-pará, a azeitona, o milho e a ervilha e mexer.
5. Juntar o frango, o extrato de tomate e o *ketchup* e misturar.
6. Adicionar o creme de leite e deixar levantar fervura.
7. Retirar do fogo e salpicar a salsinha.

**Montagem**

1. Numa forma untada com manteiga e polvilhada com farinha de trigo, fazer uma camada no fundo com metade da massa.
2. Colocar o recheio sobre a camada de massa.
3. Sobre o recheio, fazer outra camada com o restante da massa.
4. Levar ao forno preaquecido a 180 °C por aproximadamente 45 minutos, ou até que a massa esteja corada.

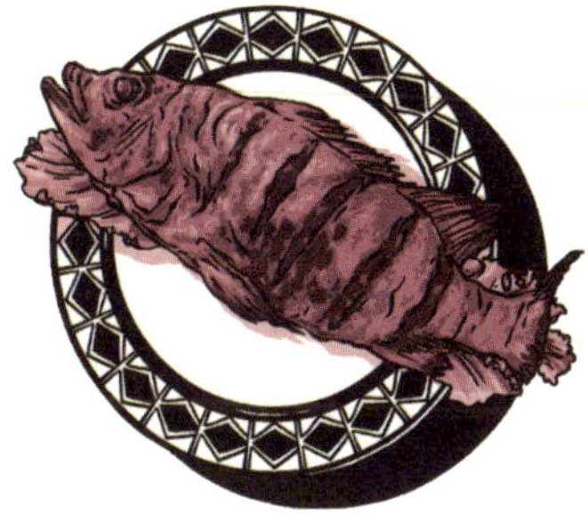

# TUCUNARÉ NA BRASA

• 6 porções •

## Ingredientes

1 tucunaré de aproximadamente 2 ½ kg limpo
Sal fino a gosto
Pimenta-do-reino moída a gosto
Suco de 2 limões
Sal grosso a gosto

## Preparo

1. Com uma faca, fazer alguns talhos no peixe para que o tempero pegue bem.
2. Temperar a parte interna do peixe com o sal fino, a pimenta e o suco de limão.
3. Temperar a parte externa com o sal grosso e a pimenta e deixar por 1 hora.
4. Assar na brasa em temperatura não muito elevada, virando o peixe de vez em quando para que fique igualmente grelhado dos dois lados.

## Sugestão

Servir o peixe regado com suco de limão, acompanhado de maionese e molho vinagrete.

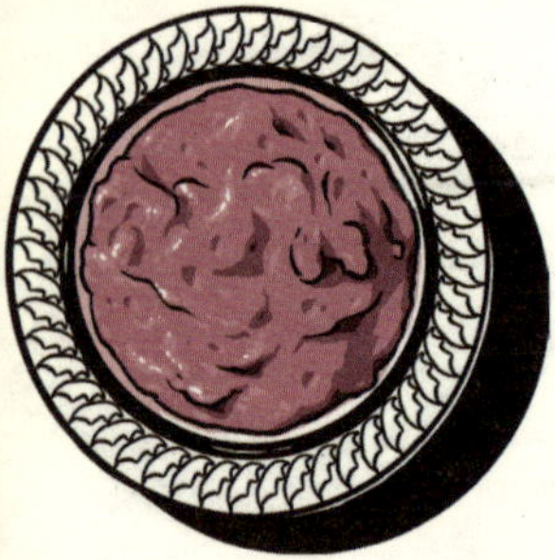

# VATAPÁ DO AMAPÁ[30]

• 10 porções •

## Ingredientes

½ xícara (chá) de azeite de dendê
1 cebola cortada em pedacinhos
1 kg de camarão seco, sem casca, dessalgado em água e escorrido
1 tomate sem pele nem sementes, cortado em pedacinhos
½ xícara (chá) de cebolinha picada
½ xícara (chá) de salsinha picada
500 ml de leite de coco
5 colheres (sopa) de farinha de trigo batidas no liquidificador com ½ l de água

## Preparo

1. Numa panela, aquecer o azeite de dendê e refogar a cebola.
2. Juntar o camarão, o tomate, a cebolinha e a salsinha e deixar no fogo médio por 5 minutos.
3. Acrescentar o leite de coco e cozinhar por mais 5 minutos.
4. Adicionar a farinha de trigo batida em água e, com uma colher de pau, mexer sempre até engrossar.

## Sugestão

Servir com arroz branco, molho de tucupi e a pimenta da preferência.

30. Adaptação da receita original de Janete Capiberibe. Cf. CAPIBERIBE, Janete. *Receita de vatapá do Amapá*. Macapá, 24 jul. 2016. Facebook: JaneteCapiberibeOficial. Disponível em: https://www.facebook.com/JaneteCapiberibeOficial/photos/receita-de-vatap%C3%A1-do-amap%C3%A1/988425457941072/. Acesso em: 31 ago. 2020.

# DOCES E SOBREMESAS

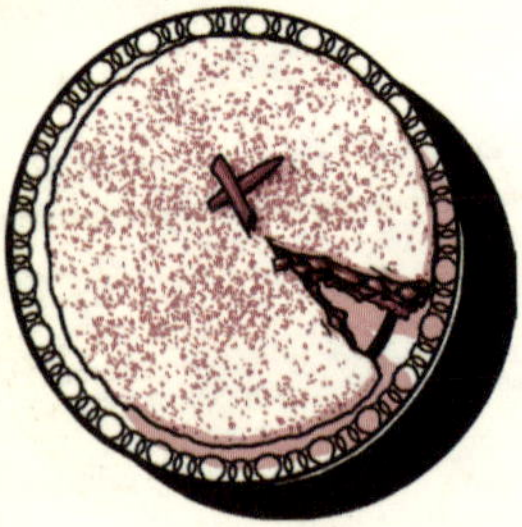

# *BANOFFEE*[31]

• 12 porções •

## Ingredientes

**Para a base**

300 g de bolachas maisena moídas no processador
150 g de manteiga derretida

**Para o recheio**

395 g (1 lata) de leite condensado
300 g de creme de leite fresco
1 colher (sopa) de açúcar

**Para a montagem**

3 bananas-nanicas cortadas ao meio no sentido longitudinal e polvilhadas com açúcar
1 colher (sobremesa) de café solúvel
1 colher (sobremesa) de chocolate em pó

## Preparo

**Base**

1. Numa vasilha, juntar a bolacha triturada com a manteiga derretida e misturar com as mãos até obter uma massa homogênea.
2. Com a massa, cobrir o fundo e as paredes de uma forma redonda de 25 cm de diâmetro.
3. Levar ao *freezer* e deixar até que a massa esteja congelada.

**Recheio**

1. Numa panela de pressão, cozinhar o leite condensado (na própria lata, sem abri-la) por 30 minutos, contados depois que o vapor começar a sair.
2. Enquanto isso, bater o creme de leite com o açúcar, na batedeira, até obter o ponto de *chantilly*.

## Montagem

1. Sobre a massa, montar a torta em camadas: primeiro o leite condensado cozido, a seguir a banana e, por fim, o *chantilly*.
2. Polvilhar com o café solúvel e o chocolate em pó.
3. Manter na geladeira por 2 horas.

31. Criada pelo *chef* Ian Dowding na Inglaterra, nos anos 1970, esta torta se popularizou pelo mundo afora e ganhou diversas releituras, inclusive em Macapá. Cf. ANDRADE, Cléia; ABREU, Wesley. Típica sobremesa inglesa, Banoffee conquista o paladar do amapaense; veja a receita. *Jornal do Amapá*, 08 set. 2018. Disponível em: https://g1.globo.com/ap/amapa/noticia/2018/09/08/tipica-sobremesa-inglesa-banoffee-conquista-o-paladar-do-amapaense-veja-a-receita.ghtml. Acesso em: 01 dez. 2022.

# BOMBONS DE CUPUAÇU[32]

• 30 unidades •

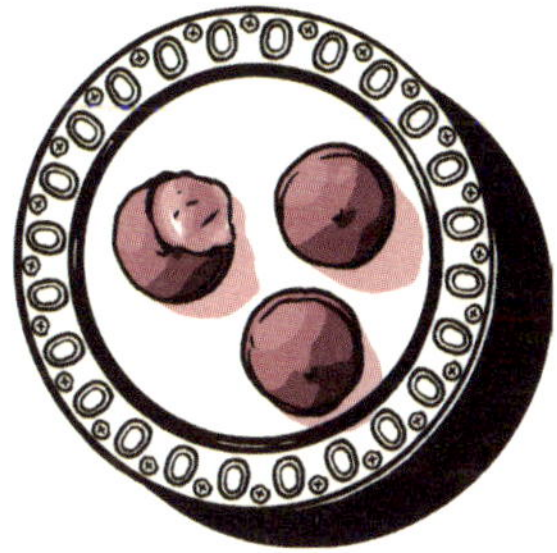

## Ingredientes

### Para o recheio

1 xícara (chá) de polpa de cupuaçu
2 xícaras (chá) de açúcar
4 colheres (sopa) de água

### Para a massa

395 g (1 lata) de leite condensado
2 gemas
1 colher (chá) de essência de baunilha (opcional)

### Para a cobertura

1 tablete de 500 g de chocolate meio amargo picado

### Para a montagem

Açúcar, o suficiente

## Preparo

### Recheio

1. Numa panela, misturar os ingredientes e levar ao fogo médio, mexendo de vez em quando com uma colher de pau, até que o doce comece a se soltar do fundo e adquira o ponto de cortar.
2. Despejar o doce numa superfície de trabalho (preferencialmente de mármore), espalhar com uma espátula e deixar esfriar.
3. Cortar em pedaços pequenos e reservar.

### Massa

1. Numa panela, misturar os ingredientes e levar ao fogo médio, mexendo sempre com uma colher de pau, até que a massa comece a se soltar do fundo e adquira o ponto de enrolar.
2. Deixar esfriar e, com as mãos, moldar bolinhas com pedaços da massa.
3. Rechear cada bolinha com o doce de cupuaçu. Deixar secar.

### Cobertura

Numa panela em banho-maria, derreter o chocolate.

## Montagem

1. Passar os bombons em açúcar e depois mergulhá-los no chocolate derretido, de modo que fiquem totalmente recobertos.
2. Deixar secar e colocar em forminhas de papel apropriadas.

32. Receita da tradição amazônica geral.

## CREME DE UXI

• 6 porções •

### Ingredientes

500 g de polpa de uxi
395 g (1 lata) de leite condensado
300 g (1 lata) de creme de leite

### Preparo

1. No liquidificador, bater todos os ingredientes até obter uma mistura homogênea.
2. Distribuir em taças de sobremesa e servir gelado.

## DOCE DE AÇAÍ

• 6 porções •

### Ingredientes

1 kg de polpa de açaí
1 colher (sopa) de manteiga
395 g (1 lata) de leite condensado
300 g (1 lata) de creme de leite

### Preparo

1. Numa panela, misturar a polpa de açaí, a manteiga e o leite condensado e levar ao fogo baixo, mexendo sempre com uma colher de pau, até começar a ferver.
2. Juntar o creme de leite e mexer até obter uma mistura homogênea e o doce começar a se soltar do fundo da panela.

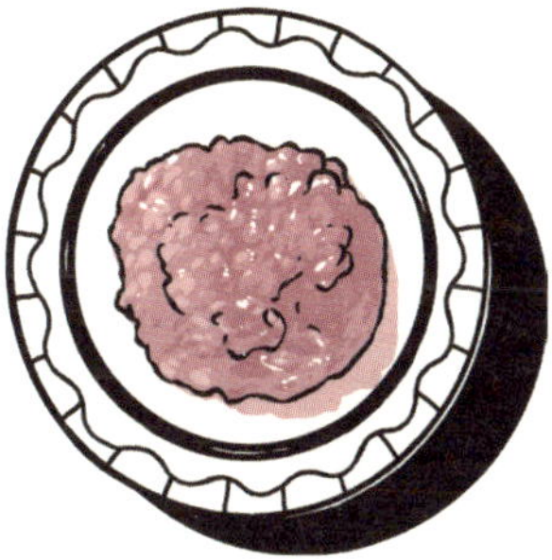

## DOCE DE CUPUAÇU[33]

• 6 porções •

### Ingredientes

2 xícaras (chá) de polpa de cupuaçu
2 xícaras (chá) de açúcar

### Preparo

1. Numa panela, misturar os ingredientes.
2. Levar ao fogo alto, mexendo sempre com uma colher de pau, até a mistura engrossar e o fundo da panela começar a aparecer.

## DOCE DE MANGABA

• 10 porções •

### Ingredientes

2 kg de mangaba
Água, o suficiente
Suco de 1 limão
700 g de açúcar
2 paus de canela
3 cravos-da-índia

### Preparo

1. Lavar as mangabas e furá-las com um garfo para extrair-lhes o leite.
2. Numa vasilha, deixar as mangabas de molho em água com o suco de limão por 4 horas.
3. Numa panela, misturar o açúcar com ½ l água, acrescentar a canela e o cravo-da-índia e levar ao fogo até levantar fervura.
4. Juntar as mangabas e deixar cozinhar por 30 minutos.

33. Receita da tradição amazônica geral.

# PUDIM DE AÇAÍ

• 8 porções •

## Ingredientes

### Para a calda caramelizada

1 xícara (chá) de açúcar
½ xícara (chá) de água

### Para o pudim

300 ml de polpa de açaí
395 g (1 lata) de leite condensado
1 colher (chá) de essência de baunilha
4 ovos
1 pitada de sal

## Preparo

### Calda caramelizada

1. Numa panela, levar o açúcar ao fogo e deixar até caramelizar.
2. Juntar a água e deixar no fogo, mexendo de vez em quando, até obter uma calda grossa e brilhante. Cuidar para não queimar.

### Pudim

1. No liquidificador, bater a polpa de açaí com o leite condensado e a essência de baunilha.
2. Juntar os ovos e o sal e bater por mais 2 minutos.

## Finalização

1. Colocar a calda caramelizada no fundo e nas laterais de uma forma com furo no meio de aproximadamente 18 cm de diâmetro, untando-a bem.
2. Despejar a massa do pudim e levar para assar em banho-maria em forno preaquecido a 180 °C por cerca de 40 minutos, ou até que o centro do pudim esteja firme.
3. Deixar o pudim esfriar completamente em temperatura ambiente.
4. Desenformar antes de levar à geladeira.

# PUDIM DE CUPUAÇU

• 8 porções •

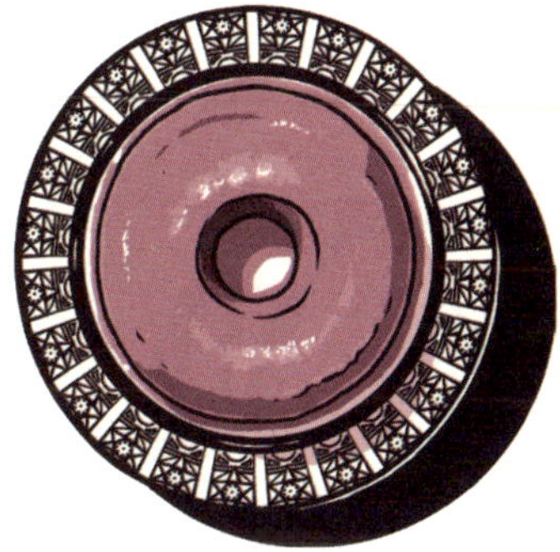

## Ingredientes

### Para a calda caramelizada de cupuaçu

1 xícara (chá) de açúcar
½ xícara (chá) de água
100 g de polpa de cupuaçu

### Para o pudim

200 g de polpa de cupuaçu
½ xícara (chá) de leite
395 g (1 lata) de leite condensado
300 g (1 lata) de creme de leite
3 ovos

## Preparo

### Calda caramelizada de cupuaçu

1. Numa panela, levar o açúcar ao fogo e deixar até caramelizar.
2. Juntar a água e a polpa de cupuaçu e deixar no fogo, mexendo de vez em quando, até obter uma calda grossa e brilhante. Cuidar para não queimar.

### Pudim

1. No liquidificador, misturar a polpa de cupuaçu com o leite e bater.
2. Juntar o leite condensado, o creme de leite e os ovos e bater por 2 minutos. Reservar.

## Finalização

1. Colocar a calda caramelizada de cupuaçu no fundo e nas laterais de uma forma com furo no meio de aproximadamente 18 cm de diâmetro, untando-a bem.
2. Despejar a massa do pudim e levar para assar em banho-maria em forno preaquecido a 180 °C por cerca de 40 minutos, ou até que o centro do pudim esteja firme.
3. Deixar o pudim esfriar completamente em temperatura ambiente.
4. Desenformar antes de levar à geladeira.

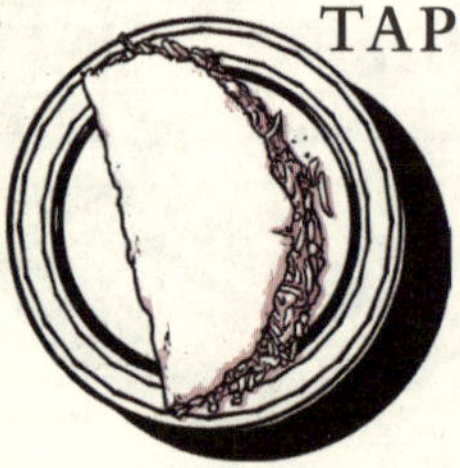

# TAPIOQUINHAS COM COCO

• 6 porções •

## Ingredientes

500 g de goma de tapioca peneirada
1 pitada de sal
Manteiga a gosto
Leite de coco a gosto
Coco fresco ralado a gosto

## Preparo

1. Numa frigideira de aproximadamente 20 cm de diâmetro, fazer uma camada fina com a goma de tapioca misturada à pitada de sal, cobrindo o fundo.
2. Levar ao fogo até obter uma espécie de beiju que se solte da frigideira.
3. Virar e deixar cozinhar o outro lado.
4. Retirar da frigideira e colocar em um prato.
5. Passar um pouco de manteiga, regar com o leite de coco e salpicar o coco ralado.
6. Dobrar para servir, de modo a formar uma meia-lua.

# TORTA DE ABACAXI

• 12 porções •

## Ingredientes

**Para a torta**

4 gemas
1 colher (sobremesa) de essência de baunilha
395 g (1 lata) de leite condensado
1 l de leite
4 colheres (chá) de maisena
3 abacaxis descascados e picados em cubos pequenos
1 xícara (chá) de açúcar
1 xícara (chá) de água
200 g de creme de leite
400 g de bolachas maisena

**Para o creme**

4 claras
2 colheres (sopa) de açúcar
1 colher (sobremesa) de essência de baunilha
200 g de creme de leite

**Para a calda de cobertura**

200 ml do caldo de cozimento do abacaxi
20 g de gelatina em pó sabor abacaxi

**Para a montagem**

Pedaços de abacaxi

## Preparo

### Torta

1. Numa panela, misturar as gemas, a essência de baunilha, o leite condensado, o leite e a maisena e levar ao fogo, mexendo sempre com uma colher de pau, até engrossar e o creme obtido se soltar do fundo. Retirar do fogo e deixar esfriar por 15 minutos.
2. Em outra panela, juntar o abacaxi com o açúcar e a água e levar ao fogo por 20 minutos, mexendo delicadamente apenas para misturar os ingredientes. Retirar do fogo, deixar esfriar por 15 minutos e separar os pedaços de abacaxi da calda que se formou. Reservar o abacaxi e a calda, separando 200 ml desta para a finalização da torta.
3. Acrescentar o creme de leite ao creme das gemas e misturar.
4. Juntar os pedaços de abacaxi e misturar com cuidado para que não se desfaçam. Reservar.
5. Umedecer as bolachas no caldo do cozimento do abacaxi e com elas cobrir o fundo de um prato de servir, onde a torta será montada.
6. Cobrir as bolachas com o creme e, sobre ele, fazer outra camada de bolachas. Repetir o procedimento até acabar o creme e as bolachas. A última camada deve ser de creme.

### Creme

1. Na batedeira, bater as claras por 10 minutos.
2. Acrescentar o açúcar, a essência de baunilha e o creme de leite e bater por mais 2 minutos.

### Calda de cobertura

1. Numa panela, levar ao fogo 200 ml do caldo do cozimento do abacaxi e deixar aquecer.
2. Retirar do fogo, juntar a gelatina e misturar bem.

## Montagem

1. Cobrir a torta com o creme.
2. Despejar a calda de cobertura sobre a superfície da torta.
3. Levar à geladeira por 2 horas antes de servir.
4. Decorar com pedaços de abacaxi.

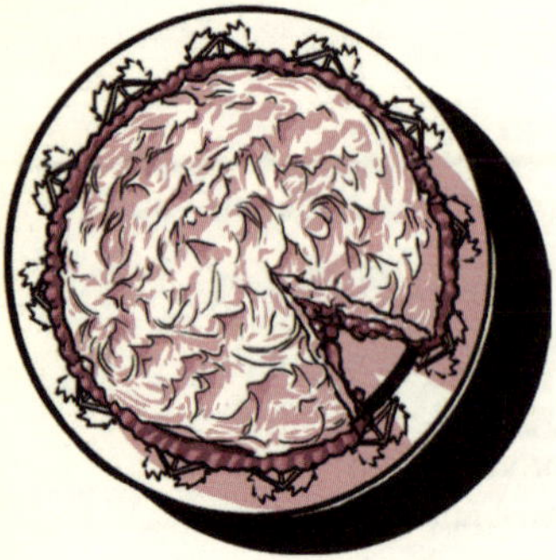

# TORTA DE CUPUAÇU[34]

• 10 porções •

## Ingredientes

### Para a massa

1 xícara (chá) de farinha de trigo
3 colheres (sopa) de manteiga
3 colheres (sopa) de açúcar
1 ovo
1 pitada de sal

### Para o recheio

2 claras
5 colheres (sopa) de açúcar
2 xícaras (chá) de doce de cupuaçu[35]
1 xícara (chá) de castanha-do-pará triturada

## Preparo

### Massa

1. Numa vasilha, misturar todos os ingredientes e amassar com as mãos até obter uma massa lisa e homogênea.
2. Untar com manteiga uma forma de fundo removível e cobrir o fundo e a parede lateral com uma camada uniforme da massa. Com um garfo, fazer furos em toda a extensão da massa.
3. Levar ao forno preaquecido a 180 °C e assar até que a massa esteja dourada. Retirar do forno e deixar esfriar.

### Recheio e montagem

1. Bater as claras numa batedeira até que fiquem firmes.
2. Juntar o açúcar e bater até obter um creme fofo e branco (ponto de suspiro).
3. Espalhar o doce de cupuaçu sobre a massa assada, polvilhar com a castanha-do-pará e cobrir com o suspiro. Com a parte côncava de uma colherinha, fazer pequenos picos sobre o suspiro.
4. Levar ao forno preaquecido a 200 °C e deixar até que o suspiro esteja assado.

34. Receita da tradição amazônica geral.
35. Ver receita neste mesmo capítulo.

# BOLOS

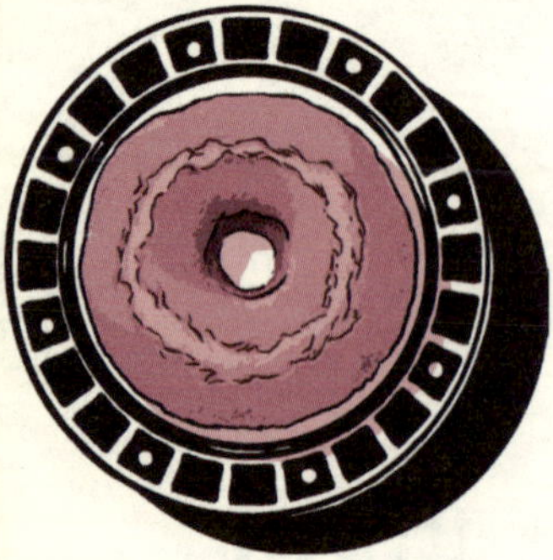

# BOLO CASEIRO

• 6 porções •

## Ingredientes

1 ½ xícara (chá) de açúcar
150 g de manteiga
3 ovos
½ xícara (chá) de leite
½ xícara (chá) de leite de coco
½ xícara (chá) de creme de leite
2 xícaras (chá) de farinha de trigo

## Preparo

1. Na batedeira, bater o açúcar com a manteiga e os ovos até obter um creme fofo e esbranquiçado.
2. Acrescentar o leite, o leite de coco e o creme de leite e bater mais.
3. Adicionar a farinha de trigo e bater até que a mistura esteja homogênea.
4. Numa forma untada com manteiga e polvilhada com farinha de trigo, assar em forno preaquecido a 180 °C por aproximadamente 45 minutos, ou até que o bolo esteja corado e, espetando-o com um palito, este saia limpo.

# BOLO CASEIRO COM COBERTURA DE CUPUAÇU

• 10 porções •

## Ingredientes

### Para o bolo

4 ovos (gemas e claras separadas; as claras batidas em neve)
3 xícaras (chá) de açúcar
200 g de manteiga
4 xícaras (chá) de farinha de trigo
1 colher (sobremesa) de fermento em pó
Raspas da casca de 1 limão

### Para a cobertura de cupuaçu

Polpa de 1 cupuaçu
395 g (1 lata) de leite condensado
300 g (1 lata) de creme de leite

## Preparo

### Bolo

1. Na batedeira, misturar as gemas, o açúcar e a manteiga e bater até obter um creme fofo e esbranquiçado.
2. Acrescentar a farinha de trigo aos poucos, batendo sempre.
3. Juntar as claras em neve e bater apenas para misturar.
4. Adicionar o fermento e as raspas de casca de limão e misturar sem bater.
5. Numa forma untada com manteiga e polvilhada com farinha de trigo, assar em forno preaquecido a 180 °C por aproximadamente 45 minutos, ou até que o bolo esteja corado e, espetando-o com um palito, este saia limpo.

### Cobertura de cupuaçu

No liquidificador, bater todos os ingredientes até obter um creme homogêneo e com ele cobrir o bolo.

# BOLO DE CUPUAÇU COM QUEIJO

• 6 porções •

## Ingredientes

1 xícara (chá) de açúcar
150 g de manteiga
2 ovos
1 ½ xícara (chá) de farinha de trigo
100 ml de polpa de cupuaçu
4 colheres (sopa) de água
1 colher (chá) de essência de baunilha
1 colher (sobremesa) de fermento em pó
200 g de doce de cupuaçu[36]
150 g de queijo cuia (do reino) ralado

## Preparo

1. Na batedeira, misturar o açúcar com a manteiga e bater até obter um creme fofo e esbranquiçado.
2. Juntar os ovos e bater até que a mistura fique homogênea.
3. Incorporar a farinha de trigo aos poucos, batendo sempre.
4. Acrescentar a polpa de cupuaçu, a água e a essência de baunilha e bater mais.
5. Adicionar o fermento e misturar sem bater.
6. Numa forma untada com manteiga e polvilhada com farinha de trigo, assar em forno preaquecido a 180 °C por aproximadamente 45 minutos, ou até que o bolo esteja corado e, espetando-o com um palito, este saia limpo.
7. Desenformar o bolo e, antes que esfrie completamente, cobrir com o doce de cupuaçu e polvilhar o queijo.

36. Ver receita no capítulo "Doces e sobremesas".

# BOLO DE GUARANÁ

• 8 porções •

## Ingredientes

### Para a massa

2 xícaras (chá) de açúcar
5 ovos
50 ml de xarope de guaraná diluído em 200 ml de água
3 xícaras (chá) de farinha de trigo
1 colher (sobremesa) de fermento em pó

### Para a cobertura

200 ml de leite de coco
50 ml de xarope de guaraná diluído em 150 ml de água

### Para a montagem

1 xícara (chá) de coco fresco ralado

## Preparo

### Massa

1. Na batedeira, bater o açúcar com as gemas até obter um creme fofo e esbranquiçado.
2. Juntar o xarope de guaraná diluído em água e bater apenas para misturar.
3. Acrescentar a farinha de trigo aos poucos, batendo sempre.
4. Adicionar o fermento e misturar.
5. Incorporar as claras batidas em neve e misturar sem bater.
6. Numa forma untada com manteiga e polvilhada com farinha de trigo, assar em forno preaquecido a 180 °C por aproximadamente 45 minutos, ou até que o bolo esteja corado e, espetando-o com um palito, este saia limpo.

### Cobertura

Misturar o leite de coco com o xarope de guaraná diluído em água.

## Montagem

1. Cobrir o bolo com a mistura de leite de coco e xarope de guaraná diluído em água.
2. Polvilhar o coco ralado na superfície.

## Sugestão

Se preferir, substituir o xarope de guaraná diluído em água pelo mesmo volume de guaraná (refrigerante), tanto na massa quanto na cobertura.

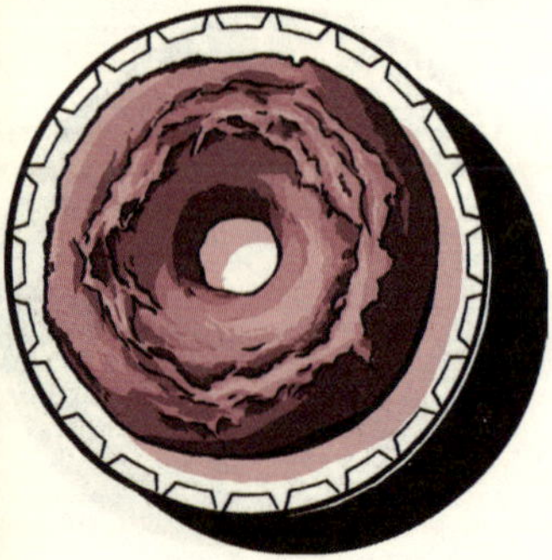

# BOLO DE INAJÁ

• 6 porções •

## Ingredientes

250 g de polpa de inajá
2 xícaras (chá) de água
200 g de manteiga
5 ovos
500 g de farinha de trigo
1 colher (sobremesa) de fermento em pó

## Preparo

1. Na batedeira, misturar a polpa de inajá com a água, a manteiga e os ovos e bater até obter um creme homogêneo.
2. Incorporar a farinha de trigo aos poucos, batendo sempre.
3. Adicionar o fermento e misturar sem bater.
4. Numa forma de bolo com furo meio, untada com manteiga, assar em forno preaquecido a 180 °C por aproximadamente 45 minutos, ou até que o bolo esteja corado e, espetando-o com um palito, este saia limpo.

## Sugestão

Servir os pedaços do bolo regados com calda de chocolate.

# BOLO DE MACAXEIRA

• 10 porções •

## INGREDIENTES

3 ovos
1 colher (café) de sal
2 xícaras (chá) de macaxeira (mandioca) ralada
2 xícaras (chá) de açúcar
50 g de coco ralado fresco
100 ml de leite de coco
2 colheres (sopa) de manteiga
1 colher (sobremesa) de fermento em pó
1 colher (chá) de essência de baunilha

## PREPARO

1. Na batedeira, bater as claras em neve com o sal.
2. Juntar as gemas e bater bem.
3. Acrescentar os outros ingredientes e misturar até obter uma massa homogênea.
4. Numa assadeira untada com manteiga e polvilhada com farinha de trigo, levar para assar em forno preaquecido a 180 °C por aproximadamente 45 minutos, ou até que o bolo esteja corado e, espetando-o com um palito, este saia limpo.
5. Servir o bolo cortado em quadrados.

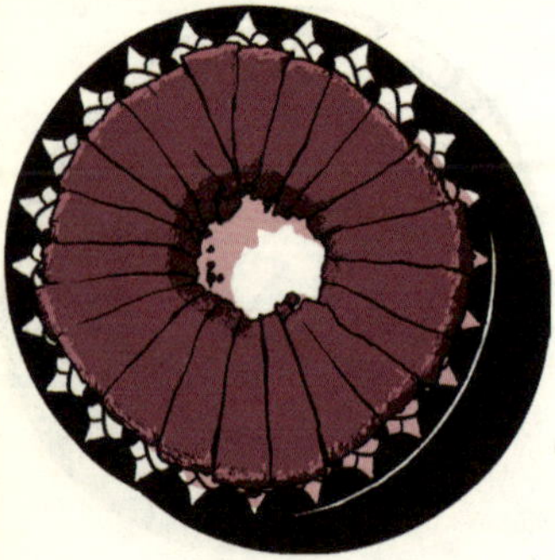

# BOLO DE PUPUNHA

• 10 porções •

## Ingredientes

4 xícaras (chá) de pupunha cozida em água, sem casca nem caroço
3 ovos
1 xícara (chá) de açúcar
2 colheres (sopa) de manteiga
200 ml de leite de coco
1 ½ xícara (chá) de farinha de trigo
1 colher (chá) de fermento em pó

## Preparo

1. Na batedeira, misturar a pupunha, os ovos, o açúcar, a manteiga e o leite de coco e bater até obter uma massa homogênea.
2. Acrescentar a farinha de trigo aos poucos, batendo sempre.
3. Adicionar o fermento e misturar sem bater.
4. Numa forma de bolo com furo no meio, untada com manteiga e polvilhada com farinha de trigo, levar para assar em forno preaquecido a 180 °C por aproximadamente 45 minutos, ou até que o bolo esteja corado e, espetando-o com um palito, este saia limpo.

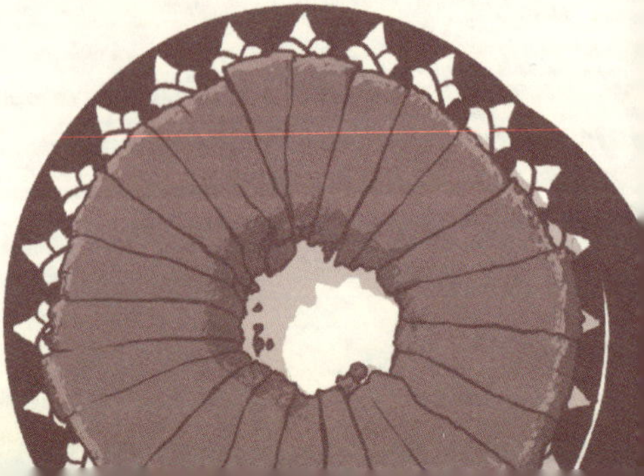

# BOLO DE UMARI

• 8 porções •

### Ingredientes

1 ½ xícara (chá) de polpa de umari
½ xícara (chá) de leite
4 ovos
6 colheres (sopa) de manteiga amolecida
2 xícaras (chá) de açúcar
2 ½ xícaras (chá) de farinha de trigo
1 colher (sopa) de fermento em pó

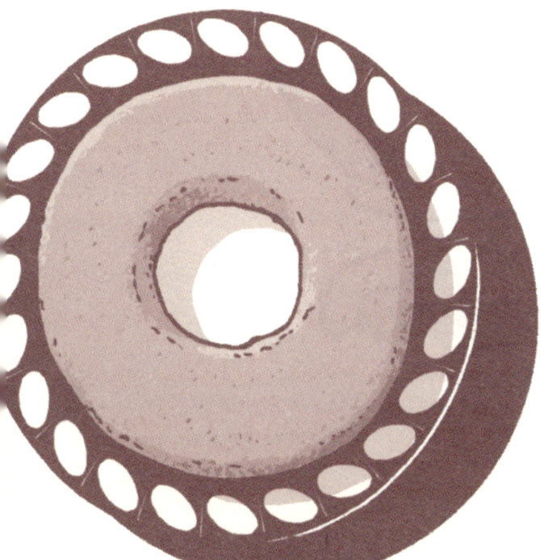

### Preparo

1. Na batedeira, misturar a polpa de umari, o leite, os ovos, a manteiga e o açúcar e bater até obter um creme homogêneo.
2. Acrescentar a farinha de trigo aos poucos, batendo sempre.
3. Adicionar o fermento e misturar sem bater.
4. Numa forma de bolo com furo no meio, untada com manteiga e polvilhada com farinha de trigo, levar para assar em forno preaquecido a 180 °C por aproximadamente 45 minutos, ou até que o bolo esteja corado e, espetando-o com um palito, este saia limpo.

# SORVETES

## SORVETE DE AÇAÍ

• 6 porções •

### Ingredientes

400 g de polpa de açaí
200 g de açúcar
250 ml de água
50 g de glucose de milho
500 g de creme de leite

### Preparo

1. Bater todos os ingredientes no liquidificador ou sorveteira.
2. Colocar numa vasilha e levar ao congelador por 3 horas.
3. Bater novamente no liquidificador ou sorveteira e levar de volta ao congelador.

## SORVETE DE BACURI

• 6 porções •

### Ingredientes

400 g de polpa de bacuri
300 g (1 lata) de creme de leite
200 g de açúcar
60 ml de água
3 claras batidas em neve

### Preparo

1. Numa vasilha, misturar bem a polpa de bacuri com o creme de leite. Reservar.
2. Numa panela, misturar o açúcar com a água e deixar em fogo médio até obter uma calda grossa.
3. Acrescentar as claras aos poucos, mexendo sempre vigorosamente com uma colher de pau; quando estiverem incorporadas à calda, retirar do fogo.
4. Juntar o conteúdo da panela à vasilha com a polpa de bacuri e o creme de leite, mexer delicadamente até obter uma mistura homogênea e levar ao congelador por 3 horas.
5. Retirar do congelador, bater no liquidificador ou sorveteira e levar novamente a congelar.

# SORVETE DE CAJU

• 6 porções •

## Ingredientes

200 g de açúcar
500 ml de água
250 ml de suco de caju concentrado
300 g (1 lata) de creme de leite

## Preparo

1. Numa panela, misturar o açúcar com a água e levar ao fogo por aproximadamente 15 minutos ou até obter uma calda não muito grossa. Retirar do fogo e deixar esfriar.
2. Juntar o suco de caju e o creme de leite e misturar bem.
3. Colocar numa vasilha e levar ao congelador por 3 horas.
4. Bater no liquidificador ou sorveteira e levar novamente ao congelador.

## Sugestão

Ao servir, salpicar castanha-de-caju triturada sobre o sorvete.

# SORVETE DE COCO

• 6 porções •

## Ingredientes

395 g (1 lata) de leite condensado
300 g (1 lata) de creme de leite
200 ml de leite de coco
100 g de coco fresco ralado

## Preparo

1. Bater todos os ingredientes no liquidificador ou sorveteira.
2. Colocar numa vasilha e levar ao congelador por 3 horas.
3. Bater novamente no liquidificador ou sorveteira e levar de volta ao congelador.

## SORVETE DE CASTANHA-DO--PARÁ

• 6 porções •

### INGREDIENTES

395 g (1 lata) de leite condensado
250 ml de leite
1 colher (chá) de essência de baunilha
1 xícara (chá) de castanhas-do-pará trituradas

### PREPARO

1. No liquidificador, bater o leite condensado, o leite e a essência de baunilha até obter uma mistura fofa e homogênea.
2. Levar ao congelador e deixar por 2 horas.
3. Bater novamente no liquidificador ou na sorveteira, juntar as castanhas-do-pará e levar de volta ao congelador.

## SORVETE DE CUPUAÇU

• 6 porções •

### INGREDIENTES

400 g de polpa de cupuaçu
395 g (1 lata) de leite condensado
300 g (1 lata) de creme de leite

### PREPARO

1. Bater todos os ingredientes no liquidificador ou sorveteira.
2. Colocar numa vasilha e levar ao congelador por 3 horas.
3. Bater novamente no liquidificador ou sorveteira e levar de volta ao congelador.

## SORVETE DE MANGA

• 6 porções •

### INGREDIENTES

2 mangas grandes (de alguma variedade sem fibras) descascadas e cortadas em pedaços
395 g (1 lata) de leite condensado
300 g (1 lata) de creme de leite
250 ml de leite

### PREPARO

1. Bater todos os ingredientes no liquidificador ou sorveteira.
2. Colocar numa vasilha e levar ao congelador por 3 horas.
3. Bater novamente no liquidificador ou sorveteira e levar de volta ao congelador.

## SORVETE DE GOIABA

• 6 porções •

### INGREDIENTES

4 goiabas vermelhas, descascadas e sem sementes
395 g (1 lata) de leite condensado
300 g (1 lata) de creme de leite
250 ml de leite

### PREPARO

1. Bater todos os ingredientes no liquidificador ou sorveteira.
2. Colocar numa vasilha e levar ao congelador por 3 horas.
3. Bater novamente no liquidificador ou sorveteira e levar de volta ao congelador.

## SORVETE DE MANGABA

• 6 porções •

### Ingredientes

500 ml de polpa de mangaba
395 g (1 lata) de leite condensado
300 g (1 lata) de creme de leite
500 ml de leite

### Preparo

1. Bater todos os ingredientes no liquidificador ou sorveteira.
2. Colocar numa vasilha e levar ao congelador por 3 horas.
3. Bater novamente no liquidificador ou sorveteira e levar de volta ao congelador.

## SORVETE DE MILHO VERDE

• 6 porções •

### Ingredientes

5 espigas de milho verde
600 ml de leite
100 g de açúcar
1 pitada de sal
1 colher (chá) de essência de baunilha
395 g (1 lata) de leite condensado
300 g (1 lata) de creme de leite

### Preparo

1. Com uma faca, retirar os grãos de milho da espiga e batê-los no liquidificador com o leite.
2. Coar a mistura e, numa panela, levar ao fogo, mexendo sempre, até obter a consistência de um mingau mole.
3. Juntar o açúcar, o sal e a essência de baunilha e, continuando a mexer, manter no fogo baixo por mais 3 minutos. Retirar do fogo e deixar amornar.
4. Levar ao liquidificador, junto com o leite condensado e o creme de leite, e bater até que a mistura esteja homogênea.
5. Colocar numa vasilha e levar ao congelador por 3 horas.
6. Bater novamente no liquidificador ou sorveteira e levar de volta ao congelador.

## SORVETE DE TAPEREBÁ (CAJÁ-MIRIM)

• 6 porções •

### Ingredientes

300 g de polpa de taperebá
395 g (1 lata) de leite condensado
300 g (1 lata) de creme de leite

### Preparo

1. Bater todos os ingredientes no liquidificador ou sorveteira.
2. Colocar numa vasilha e levar ao congelador por 3 horas.
3. Bater novamente no liquidificador ou sorveteira e levar de volta ao congelador.

## SORVETE DE TUCUMÃ

• 6 porções •

### Ingredientes

750 g de polpa de tucumã
500 ml de leite
200 g de açúcar

### Preparo

1. Bater todos os ingredientes no liquidificador ou sorveteira.
2. Colocar numa vasilha e levar ao congelador por 3 horas.
3. Bater novamente no liquidificador ou sorveteira e levar de volta ao congelador.

## SORVETE DE UMARI

• 6 porções •

### Ingredientes

300 g de polpa de umari
395 g (1 lata) de leite condensado
300 g (1 lata) de creme de leite

### Preparo

1. Bater todos os ingredientes no liquidificador ou sorveteira.
2. Colocar numa vasilha e levar ao congelador por 3 horas.
3. Bater novamente no liquidificador ou sorveteira e levar de volta ao congelador.

## SORVETE DE UXI

• 6 porções •

### Ingredientes

300 g de polpa de uxi
395 g (1 lata) de leite condensado
300 g (1 lata) de creme de leite

### Preparo

1. Bater todos os ingredientes no liquidificador ou sorveteira.
2. Colocar numa vasilha e levar ao congelador por 3 horas.
3. Bater novamente no liquidificador ou sorveteira e levar de volta ao congelador.

# BEBIDAS

# GENGIBIRRA[37]

• Aproximadamente 3 litros •

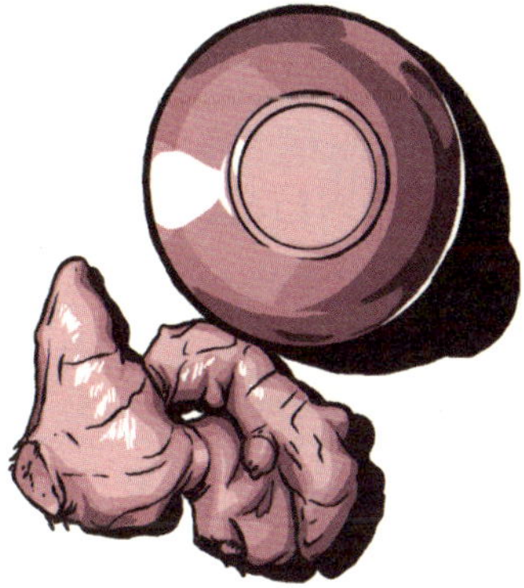

### Ingredientes

1 kg de gengibre descascado e picado
2 l de água
1 kg de açúcar mascavo
20 cravos-da-índia
10 colheres (sopa) de sementes de erva-doce
5 paus de canela
5 folhas de canela
1 colher (chá) de noz-moscada ralada
1 l de cachaça branca

### Preparo

1. No liquidificador, bater o gengibre com ½ l da água. Reservar.
2. Numa panela, levar o açúcar mascavo ao fogo e deixar até derreter, mexendo com uma colher de pau e cuidando para não queimar.
3. Acrescentar o cravo-da-índia, as sementes de erva-doce, os paus e as folhas de canela e a noz-moscada e misturar.
4. Juntar o gengibre batido e o restante da água e manter no fogo até levantar fervura.
5. Retirar do fogo e coar em um pano, espremendo bem para aproveitar o máximo do líquido. Desprezar o bagaço.
6. Misturar com a cachaça, acondicionar em garrafas e conservar em geladeira.

37. Bebida alcoólica.

# SUCO DE AÇAÍ

• 2 porções •

### Ingredientes

250 g de polpa de açaí
500 ml de água
Açúcar ou adoçante a gosto
Pedras de gelo a gosto

### Preparo

1. No liquidificador, bater a polpa de açaí com a água e o açúcar ou adoçante.
2. Servir em copos longos com as pedras de gelo.

# SUCO DE BACURI

• 2 porções •

### Ingredientes

250 g de polpa de bacuri
500 ml de água
Açúcar ou adoçante a gosto
Pedras de gelo a gosto

### Preparo

1. No liquidificador, bater a polpa de bacuri com a água e o açúcar ou adoçante.
2. Servir em copos longos com as pedras de gelo.

# SUCO DE CAJU

• 2 porções •

### Ingredientes

2 cajus sem as castanhas
400 ml de água
Açúcar ou adoçante a gosto
Pedras de gelo a gosto

### Preparo

1. No liquidificador, bater os cajus com a água e o açúcar ou adoçante.
2. Servir em copos longos com as pedras de gelo.

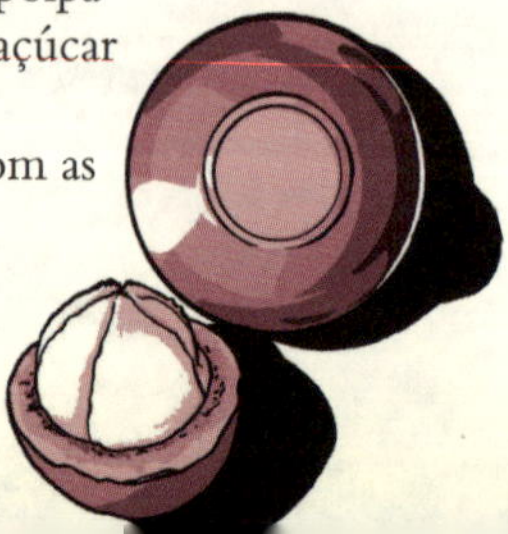

# SUCO DE COCO COM PEPINO, MAÇÃ E CENOURA

• 2 porções •

### Ingredientes

½ pepino
200 ml de água de coco
200 ml de polpa de coco
½ maçã descascada
½ cenoura descascada
Gelo a gosto
Açúcar ou adoçante (opcional)

### Preparo

1. Bater todos os ingredientes no liquidificador, à exceção do gelo e do açúcar ou adoçante.
2. Coar, levar de novo ao liquidificador e bater com o gelo e o açúcar ou adoçante, se for o caso.

# SUCO DE CUPUAÇU

• 2 porções •

### Ingredientes

250 g de polpa de cupuaçu
500 ml de água
Açúcar ou adoçante a gosto
Pedras de gelo a gosto

### Preparo

1. No liquidificador, bater a polpa de cupuaçu com a água e o açúcar ou adoçante.
2. Servir em copos longos com as pedras de gelo.

# SUCO DE MANGABA

• 2 porções •

### Ingredientes

100 g de mangaba
400 ml de água
Açúcar ou adoçante a gosto
Pedras de gelo a gosto

### Preparo

1. Passar a mangaba por uma peneira e reservar o sumo.
2. Bater no liquidificador o sumo da mangaba com a água e o açúcar ou adoçante.
3. Servir em copos longos com as pedras de gelo.

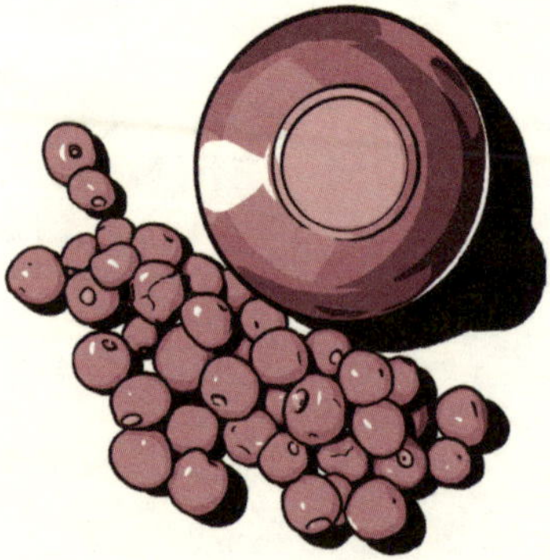

# SUCO DE MURICI

• 2 porções •

### Ingredientes

250 g de polpa de murici
500 ml de água
Açúcar ou adoçante a gosto
Pedras de gelo a gosto

### Preparo

1. No liquidificador, bater a polpa de murici com a água e o açúcar ou adoçante.
2. Servir em copos longos com as pedras de gelo.

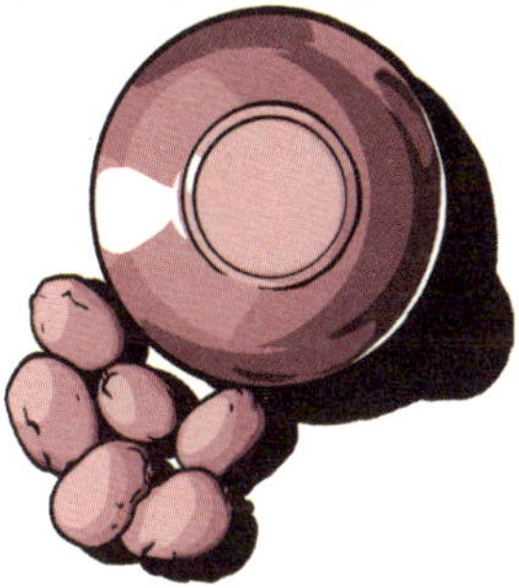

# SUCO DE TAPEREBÁ (CAJÁ-MIRIM)

• 2 porções •

## Ingredientes

250 g de polpa de taperebá
500 ml de água
Açúcar ou adoçante a gosto
Pedras de gelo a gosto

## Preparo

1. No liquidificador, bater a polpa de taperebá com a água e o açúcar ou adoçante.
2. Servir em copos longos com as pedras de gelo.

# SUCO DE UXI

• 2 porções •

## Ingredientes

250 g de polpa de uxi
500 ml de água
Açúcar ou adoçante a gosto
Pedras de gelo a gosto

## Preparo

1. No liquidificador, bater a polpa de uxi com a água e o açúcar ou adoçante.
2. Servir em copos longos com as pedras de gelo.

# REFERÊNCIAS


ANDRADE, Cléia; ABREU, Wesley. Típica sobremesa inglesa, Banoffee conquista o paladar do amapaense; veja a receita. *Jornal do Amapá*, 08 set. 2018. Disponível em: https://g1.globo.com/ap/amapa/noticia/2018/09/08/tipica-sobremesa--inglesa-banoffee-conquista-o-paladar-do-amapaense-veja-a-receita.ghtml. Acesso em: 01 dez. 2022.

ANDRADE, Cléia; CUNHA, Adevaldo. Peixe frito ao molho de cupuaçu e castanha traz sabor regional ao prato; aprenda. *G1*, 10 nov. 2018. Disponível em: https://g1.globo.com/ap/amapa/noticia/2018/11/10/peixe-frito-ao-molho-de-cupuacu-e--castanha-traz-sabor-regional-ao-prato-aprenda.ghtml. Acesso em: 25 ago. 2020.

ASSOCIAÇÃO BRASILEIRA DE BARES E RESTAURANTES: ABRASEL NO AMAPÁ. *Original do Brasil*: livro de receitas: segredos dos chefes. Macapá: Abrasel, 2019. Disponível em: https://drive.google.com/file/d/11ES93m6HY-Q1KF_XsnG6HMEBiy9NtWtmZ/view. Acesso em: 24 ago. 2020.

BOSISIO, Arthur (coord.). *Culinária amazônica*: o sabor da natureza. Rio de Janeiro: Senac, 2000.

BRASIL. Ministério da Cultura. Instituto do Patrimônio Histórico e Artístico Nacional. Departamento de Patrimônio Imaterial. Coordenação-Geral de Identificação e Registro. Coordenação de Registro. *Dossiê de registro*: marabaixo. Brasília: Ministério da Cultura, 2018. Disponível em: http://portal.iphan.gov.br/uploads/ckfinder/arquivos/DOSSIE_MARABAIXO.pdf. Acesso em: 13 set. 2020.

CAMARA CASCUDO, Luis da. *História da alimentação no Brasil*. Belo Horizonte: Itatiaia; São Paulo: Edusp, 1983. 2 v.

CAPIBERIBE, Janete. *Receita de vatapá do Amapá*. Macapá, 24 jul. 2016. Facebook: JaneteCapiberibeOficial. Disponível em: https://www.facebook.com/JaneteCapiberibeOficial/photos/receita-de-vatap%C3%A1-do-amap%C3%A1/988425457941072/. Acesso em: 31 ago. 2020.

CARVALHO, Ana Judith de. *Cozinha típica brasileira*: sertaneja e regional. Rio de Janeiro: Ediouro, 1998.

CASTANHO, Thiago. *Cozinha de origem*: pratos brasileiros tradicionais revisitados. São Paulo: Publifolha, 2013.

CHAVES, Guta; FREIXA, Dolores. *Larousse da cozinha brasileira*: raízes culturais da nossa terra. São Paulo: Larousse do Brasil, 2007.

DONA Benta: comer bem: 1001 receitas de bons pratos. São Paulo: Nacional, 2004.

FERRAZ, Flávio. *A culinária do Rio de Janeiro*: da colônia à atualidade. São Paulo: Metalivros, 2017.

FERRAZ, Nair Junqueira. *Laranjinha da China*: as receitas da tia. Belo Horizonte: Segrac, 2003.

GALLOIS, Dominique Tilkin; GRUPIONI, Denise Fajardo. *Povos indígenas no Amapá e Norte do Pará*: quem são, onde estão, quantos são, como vivem e o que pensam? São Paulo: Instituto de Pesquisa e Formação em Educação Indígena; Núcleo de História Indígena e do Indigenismo da Universidade de São Paulo, 2003.

GRANDI, Guilherme. Refrigerante gengibirra é tombado como patrimônio cultural imaterial. *Gazeta do Povo*, 12 abr. 2019. Disponível em: https://www.gazetadopovo.com.br/bomgourmet/produtos-ingredientes/gengibirra-tombada-patrimonio-cultural-imaterial-de-palmeira/. Acesso em: 13 set. 2020.

HOUAISS, Antônio. *Minhas receitas brasileiras*. São Paulo: Art, 1990.

KZAN, Camila; MARTINS, Paulo. *Culinária paraense*. Belém: Instituto de Educação e Cultura da Amazônia, 2005.

LORENZI, Harri. *Palmeiras no Brasil*: exóticas e nativas. Nova Odessa: Plantarum, 1996.

LORENZI, Harri; LACERDA, Marco Túlio Côrtes; BACHER, Luis Benedito. *Frutas no Brasil*: nativas e exóticas (de consumo *in natura*). São Paulo: Instituto Plantarum de Estudos da Flora, 2015.

MARCELLINI, Rusty; FERRAZ, Rodrigo. *Fartura*: Expedição Brasil Gastronômico. São Paulo: Melhoramentos, 2015. v. 3.

MARTINS, Paulo; KZAN, Camila; CHALU, Renato (fotos). *Culinária marajoara*. São Paulo: Imageria Filmes e Livros, 2010.

NUNES PEREIRA. *Panorama da alimentação indígena*: comidas, bebidas & tóxicos na Amazônia brasileira. Rio de Janeiro: Livraria São José, 1974.

ORICO, Osvaldo. *Culinária amazônica*. Belém: Universidade Federal do Pará, 1972.

PANDOLFI, Ricardo. *Amazônia*. São Paulo: Abril Coleções, 2009. (Cozinha regional brasileira, v. 19).

PANDOLFI, Ricardo. *Pará*. São Paulo: Abril Coleções, 2009. (Cozinha regional brasileira, v. 18).

RECEITA de hoje é de carne de sol com bebida à base de gengibre. [20--]. 1 vídeo (4 min). Disponível em: http://g1.globo.com/ro/rondonia/videos/t/rondonia-tv/v/receita-de-hoje-e-de-carne-de-sol-com-bebida-a-base-de-gengibre/8401110/. Acesso em: 11 set. 2020.

SALDANHA, Roberta Malta. *Culinária brasileira, muito prazer*: tradições, ingredientes e 170 receitas de grandes profissionais do país. São Paulo: Alaúde, 2017.

SALLES, Mara. *Ambiências*: histórias e receitas do Brasil. São Paulo: DBA, 2011.

SAMPAIO, A. J. *A alimentação sertaneja e do interior da Amazônia*. São Paulo: Companhia Editora Nacional, 1944.

SANTOS, Lúcia C. *Frutas de doce, doces de frutas*. Rio de Janeiro: F. Briguiet & Cia., 1950.

SILVA, Silvestre (fotografia); TASSARA, Helena (texto). *Frutas Brasil frutas*. São Paulo: Empresa das Artes, 2005.

TASSARA, Helena (texto); LINSKER, Roberto (coordenação e fotografia). *O mar é uma outra terra*. São Paulo: Terra Virgem, 2005.

TRAJANO, Ana Luísa. *Básico*: enciclopédia de receitas do Brasil. São Paulo: Melhoramentos, 2017.

TREVISANI, Bruna. *A cozinha amazônica*. São Paulo: Melhoramentos, 2002.

# SiTES CONSULTADOS

*Almanaque culinário*. Disponível em: www.almanaqueculinario.com.br. Acesso em: 13 fev. 2020.

*Amapá polpas*. Disponível em: amapapolpas.com.br. Acesso em: 14 set. 2020.

*Brasil channel*. Disponível em: www.brasilchannel.com.br. Acesso em: 13 ago. 2020.

*Comidas típicas*. Disponível em: comidastipicas.site. Acesso em: 7 ago. 2020.

*Devotos da cachaça*. Disponível em: xn--devotosdacachaa-rmb.com.br. Acesso em: 3 set. 2020.

*Estados e capitais do Brasil*. Disponível em: www.estadosecapitaisdobrasil.com. Acesso em: 24 ago. 2020.

*Fartura Brasil*. Disponível em: www.farturabrasil.com.br. Acesso em: 22 ago. 2020.

*G1*. Disponível em: g1.globo.com. Acesso em: 21 ago. 2020.

*Típicas*. Disponível em: www.tipicas.com.br. Acesso em: 21 ago. 2020.

*Tudo gostoso*. Disponível em: www.tudogostoso.com.br. Acesso em: 20 ago. 2020.

*Tudo receitas*. Disponível em: www.tudoreceitas.com. Acesso em: 21 ago. 2020.

*UAM tour: Centro de Pesquisas de Viagens e Turismo*. Disponível em: uamtour.com.br. Acesso em: 24 ago. 2020.

*Visite o Brasil*. Disponível em: www.visiteobrasil.com.br. Acesso em: 24 ago. 2020.

**Dados Internacionais de Catalogação na Publicação (CIP)**
(Câmara Brasileira do Livro, SP, Brasil)

Ferraz, Flávio

A culinária do Amapá / Flávio Ferraz ; ilustração Alice Tassara. – 1. ed. – São Paulo : Metalivros, 2023. – (Culinária Brasil ; 4)

Bibliografia.
ISBN 978-85-8220-xxx-x

1. Amapá (AP) - História 2. Brasil - Região Norte 3. Culinária - Brasil 4. Culinária - História 5. Gastronomia - Brasil I. Tassara, Alice. II. Título III. Série.

23-153723 CDD-641.509

**Índices para catálogo sistemático:**
1. Culinária : História 641.509

Henrique Ribeiro Soares - Bibliotecário - CRB-8/9314

**Metalivros**
Rua Prof. Laerte Ramos de Carvalho, 147 (entrada 133)
01325-030 Bela Vista SP
11 3672.0355
metalivros@metalivros.com.br
www.metalivros.com.br